REVUE

ARCHÉOLOGIQUE

PUBLIÉE SOUS LA DIRECTION

DE MM.

E. POTTIER ET S. REINACH

MEMBRES DE L'INSTITUT

F. DE MÉLY

—

NOS VIEILLES CATHÉDRALES

ET

LEURS MAITRES D'ŒUVRE

PARIS

ÉDITIONS ERNEST LEROUX,

28 RUE BONAPARTE (VI°)

1920

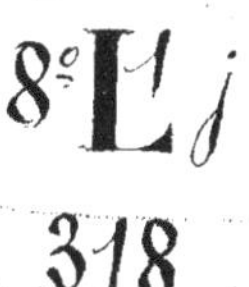

NOS VIEILLES CATHÉDRALES

ET LEURS MAITRES D'ŒUVRE

NOS VIEILLES CATHÉDRALES

ET LEURS MAITRES D'ŒUVRE

1) En novembre 1918, M. Louis Gillet, dans un article auquel la *Revue des deux Mondes* qui le publiait donnait une particulière autorité, nous disait le martyre de la cathédrale de Reims. Dans des pages d'une merveilleuse tenue littéraire, il nous montrait les blessures de notre vieille basilique nationale ; d'une plume angoissée, il retraçait les ruines accumulées par la barbarie teutonique. Et dans sa plainte si vibrante, il ajoutait :

« Sans doute nous ne saurons jamais rien des hommes admirables qui ont créé les œuvres sans prix dont nous parlons.

« Des générations de sculpteurs qui travaillèrent à Reims un seul nous est connu par son nom et c'est un des derniers et assurément l'un des moindres : Jean Bourcamus. Que savons-nous des autres ? Que pouvons-nous entrevoir de leurs mœurs et des conditions de leur vie ?

« ... Par quelle étrange modestie, par quel détachement ou quel oubli de nous-mêmes, avons nous laissé à l'abandon la fortune de nos artistes ? Pourquoi faut-il que nous ne puissions deviner un de ces noms qui devraient nous être sacrés ? »

C'est la théorie, du reste, qu'il développait déjà dans son *Exposition de Sienne*, publiée en 1904, en parlant de Vecchietta, «, qui consacrera ses dernières années à peindre les volets de l'armoire au linge de la Scala, non pour éterniser son nom, mais pour assurer à son âme le bienfait des prières des pauvres ».

C'est donc qu'il n'avait pas signé son œuvre.

2) C'est la légende de l'Anonymat obligatoire des Primitifs, celle du moindre effort pour nous, qui faisait écrire à la même époque à M. Louis Dauphin, à propos des artistes du moyen âge, « que du temps de Dante, il y avait des hommes qui parlaient, mais que ces hommes vivaient en troupeaux, ne se croyaient pas propriétaires de leurs personnes, et n'avaient pas une langue commune à tous les groupes. »

La Tradition l'affirmait ainsi. M. Vitry « attendait qu'on lui montrât une signature évidente et claire », et Lafenestre, dans une phrase magistrale, affirmait que « quand une œuvre est signée, c'est une chance de plus pour qu'elle soit fausse. »

Par une coïncidence curieuse, quelques semaines après, également dans la *Revue des deux Mondes* (15 décembre 1918), M. Ch. Coppier, étudiant les revendications d'art auxquelles nous avions droit, examinait les basiliques d'Allemagne où nous pourrions trouver des monuments équivalents à ceux qui venaient d'être détruits à Reims. De la Cathédrale, lui n'ignorait pas les auteurs; il savait qu'un certain Gaucher y avait travaillé au milieu du xiiie siècle, et, à propos de Bamberg, il écrivait : « En ce qui concerne plus particulièrement Notre-Dame de Reims, c'est à Bamberg qu'on trouvera des œuvres de Gaucher de Reims pour remplacer les statues détruites...

« C'est vers 1250, après l'achèvement de son œuvre, que Gaucher vint avec ses « compaignons » entreprendre la décoration des transepts, du jubé, des piliers de la Cathédrale...

« Il est matériellement impossible qu'un autre sculpteur ait eu, dans le même temps, le même style et la même main.

« Toute la statuaire de Reims était achevée en 1245. »

3) Si M Louis Gillet ignore le nom des artistes qui ont élevé la cathédrale de Reims, M Ch. Coppier ne semble pas avoir connaissance des dates auxquelles les architectes incomparables dont il parle, ont travaillé; on les trouvera plus loin, lorsqu'à mon tour j'arriverai à Reims. Mais puisqu'ainsi l'on semble ignorer pour ainsi dire tout, aussi bien de la cathédrale de

Reims que de nos autres basiliques, j'ai pensé qu'il serait peut-être utile de réunir les notes que depuis de bien longues années j'ai recueillies et de montrer que si « nous ne pouvons deviner un seul de ces noms qui devraient nous être sacrés », nous ne devons nous en prendre qu'à nous-mêmes. Il ne s'agissait, en effet, que de dépouiller six ou sept cents volumes, au plus, pour connaître une bonne partie des noms des maîtres d'œuvre de nos seules cathédrales. Les pages qui suivent, consacrées à trente-six cathédrales et à cinquante-deux églises, montreront que nous sommes loin d'ignorer « tout » de nos vieux maîtres, auxquels il est vraiment temps de rendre la place qui leur fut enlevée par l'école romantique de 1830[1].

4) AMIENS (1288). — L'ancienne cathédrale ayant été détruite par un incendie en 1218, l'évêque Evrard de Fouilloy entreprit en 1220 de la reconstruire. Il confia la direction des travaux à Robert de Luzarches qui en dressa le plan. A la mort du prélat, en 1223, l'œuvre sortait à peine de terre. Un labyrinthe, détruit en 1830, mais dont l'inscription a été conservée dans le ms. n° 415 (f° 210) de la bibliothèque d'Amiens (xv° siècle), d'ailleurs reproduit depuis bien des fois, nous donne le nom des architectes qui se sont succédé jusqu'à l'achèvement de l'église en 1288.

.MEMORE QVAND LŒVVRE DE LÉGLE
DE CHEENS FV̄ COMENCHIE ET FINE
IL EST ESCRIPT ET MOILOV
DE LE MAISON DE DALVS
EN LAN DE GRACE MI IIC (*sic*)
ET XX FV LŒVVRE DE CHEENS
PREMIEREMENT ENCO̅MENCHIEE
ADONT EST DE CHESTE EVESQVIE

1. Voir à ce sujet : Mély (F. de), *Les primitifs français et leurs signatures. Les Sculpteurs*, Paris, Ami des Monuments, 1908, in-8°, 95 p. et gr. — *Les primitifs et leurs signatures. Les Miniaturistes.* Paris, Geuthner, 1913, in-f°, xvi-424 p., XXXI pl. et 315 gr. (Couronné par l'Académie des Inscriptions et Belles-Lettres).

> EVRART EVESQVE BENIS
> ET ROY DE FRANCE LOYS
> QVI FV FILS PHELIPPE LE SAGE
> CIL QVI MAISTRE Y EST DE L'ŒVVRE
> MAISTRE ROBERT ESTOIT NOMES
> ET DE LVZARCHES SVRNOMES
> MAISTRE THOMAS FV APRES LVY
> DE CORMONT ET APRES SON FILS
> MAISTRE REGNAVLT QVI MESTRE
> FIT A CHEST POINT MESTRE
> QV LINCARNATION VALOIT
> XIII C MOINS DOVZE EN FALLOIT

Il est une autre inscription qui vient confirmer celle-là ; j'en ai trouvé la mention dans une plaquette bien peu connue de l'abbé Rozé (1887), qui dit l'avoir relevée sur la plinthe supérieure de l'arcade principale du portail méridional, dit *de la Vierge Dorée*. Bien rongée par le temps, on pouvait cependant y lire encore il y a trente ans :

> † EN LAN QVE LINCARNATION VALOIT MCC
> XX RO▨RS I FV RIMIST LE PREMIERE PIERRE.
> IASIS▨▨▨ L E CORS ▨▨▨ ROBERT.

Ce serait alors l'inscription tombale de Robert de Luzarches, inhumé, comme tant d'autres architectes, au seuil de l'église qu'il avait élevée.

En 1366, l'évêque Jean de Cherchemona (1325 + 1373) faisait construire par l'architecte Pierre Largent la galerie voûtée au dessus de la grande rose.

C'est un nom qu'il faut rapprocher de celui de Gilles Largent, architecte, en 1391, des églises d'Arras et de Saint-Quentin.

5) ANGOULÊME (1125). — La cathédrale d'Angoulême, qui était terminée à la mort de l'évêque Gérard en 1126, est un type remarquable d'église romane à coupoles. Un chanoine, Ithier d'Archambaud, mort en 1125, y contribua pour une large

part. Son épitaphe pourrait même laisser supposer que ce fût réellement lui le maître de l'œuvre.

    HIC REQVIESCIT DOMINVS ITEV̄S ARCHEMBAL —
    DI CANONICVS HVIVS MATRICIS ECCLESIE IN
    QVA M [VLTA BONA OPER] A OPERATVS EST.
    OBIIT AVTEM VIII AVG· AB INCARNATIONE DINI.
    ANNO MCXXV·

Ducange nous apprend en effet que l'*Operarius*, le maître de l'œuvre, était une dignité canoniále : ce qui est confirmé d'ailleurs par les prébendes d'Auxerre et de Saint Thomas de Strasbourg, réservées aux artistes.

De plus, les lettres entre crochets, usées par le temps, qui sont des plus imprécises, ont été substituées par Mgr. Cousseau, évêque d'Angoulême au siècle dernier, à une date où la légende de l'humilité des artistes du moyen âge était en pleine floraison. Les mots *m[ulta bona oper]a operatus est* qu'il propose devaient être, selon lui, restitués d'après le texte de l'*Écriture*. Comme rien n'est donc moins certain, il ne reste comme document que« M[▨▨▨▨]A OPERATVS. » Or, quand nous voyons dans les *Chroniques* du temps « qu'Ithier partagea avec l'évêque la dépense de la *construction des murs* », ne serions-nous pas pleinement autorisés à restituer M[AGNA MOENI]A OPERATVS EST ; il serait ainsi l'architecte de la Cathédrale. Et ce qui pourrait encore nous confirmer dans cette hypothèse, c'est le monogramme de la façade du nord, que M. de Lasteyrie à bien voulu me signaler naguère en m'engageant à l'étudier.

Dans ces lettres liées, je crois trouver très facilement ITIVS, qui, comme l'ITEVS de son épitaphe, doit se lire ITERIVS[1]. Cette ligature me semble aussi claire que la signature cryptographique ʜugo, dans le célèbre portrait d'un membre de la

---

1. Le nom d'Itier, nous le retrouverons en 1105, dans l'Histoire de la Sainte Chandelle d'Arras ; en 1120, comme architecte de Saint-Martin d'Auxerre. Est-ce le même ?

famille de Croy, attribué d'ailleurs par tous à Hugo van der Goes.

Il reste enfin, maintenant que nous avons ainsi une date précise (1125), un rapprochement bien curieux à faire : l'étroite parenté de la frise de la Cathédrale avec l'*Histoire d'Arthur* de la cathédrale de Modène, exécutée en 1099 par Willigelmus, que certains, comme Zimmermann, pensent être un Guillaume du Nord.

Assurément, l'artiste auquel nous la devons a connu, soit par un carton, soit par un voyage, une des pages les plus curieuses de l'art italien du xiie siècle : et lorsqu'on prétend que le « Maître anonyme » d'Angoulême fut inspiré par Saint-Benoit-sur-Loire où nous trouvons la signature d'**VMBERTVS**, ne faudrait-il pas peut-être rechercher là au contraire des influences du Nord ou de l'Italie ? Ici c'est tout un. La question, comme on le voit, est des plus complexes; actuellement, seul le nom d'Itier, chanoine, maître de l'œuvre, demeure indiscutable, avec la date de MCXXV.

6) ARLES (xiie siècle). — Saint-Trophime-d'Arles est, à juste titre, avec Saint-Gilles-du-Gard, un des monuments les plus célèbres du midi de la France.

Dès 1845, Caumont avait estampé dans le cloître une pierre tombale qui nous donne, à la date du VII des calendes de janvier 1182, le nom de l'architecte Pons Rebolli, comme à Angoulême, « *canonicus operarius ecclesiae* » :

```
       VII ꞉ KL ꞉ IANVARI
    ANNO DNI  ꟽCLXXXII O
    BIIT PONCIVS REBOLLI SA
    CERDOS ET CANONICVS
    REGVLARIS ET OPERARIꝰ
    ECCLESIE SANCTI TROP
    ҺIMI ORATE PRO EO.
```

7) A *Saint-Honorat,* on pouvait lire autrefois l'inscription suivante :

ANNO DOMINI MCCCXIII DIE III APRILIS SIT
NOTVM CVNCTIS QVOD PONCIVS SAURII ET
FRATRES FECERVNT ME·

Ce nom de Poncius est fort fréquent parmi les architectes
qui signent leurs monuments. On le retrouve dans le cloître
avec beaucoup d'autres : VGO, JOANNES, BONVS. STEPHANVS,
BERNARDVS, BERTRANDVS, RAIMVNDVS, TRICARDVS, GVIL-
LELMVS : peut-être formaient-ils une corporation de frères-
maçons, comme les frères Pontifes d'Avignon ou ceux de Strasbourg ; l'épitaphe que nous reproduisons pourrait nous le faire
supposer. Mais Ugo semblerait en quelque sorte en être le chef,
car son nom est inscrit dans cinq édifices rapprochés : à Beau-
mont, à Vaison en Vaucluse, dont nous allons parler plus loin,
en expliquant le chronogramme d'une inscription qui semble
au premier aspect des plus incompréhensibles, et aussi à Apt,
à La Chapelle Saint-Gabriel avec Poncius.

8) Autun (xii⁰ siècle). — La cathédrale de Saint-Lazare offre,
dit Quicherat, un des types les plus élégants de l'architecture
qui prit naissance au xi⁰ siècle en Bourgogne.

Le tympan du portail, qui nous présente un des plus terribles
Jugement dernier de l'époque romane, porte, sous les pieds
du Christ dans sa gloire, l'inscription :

GISLEBERTVS FECIT HOC OPVS

Dans la Cathédrale, en 1170, l'évêque Etienne avait fait
élever un tombeau, sculpté en haut relief, à saint Lazare.
Détruit le 24 janvier 1766, il en reste encore aujourd'hui seulement trois statues. Sur l'entablement qui les supportait on lisait
en lettres gravées, remplies de mastic noir :

MARTINVS MONACHVS LAPIDVM MIRABILIS ARTE
HOC OPVS SCVLPSIT STEPHANO SVB PRAESVLE MAGNO

L'inscription avait été sauvée à la Révolution : il y a quelques
années j'en ai vu encore une notable portion, aujourd'hui
bien réduite ; mais les quelques lettres que M. de Charmasse

a pris la peine de me décalquer permettent encore de reconnaître la parfaite authenticité du relevé qui en avait été fait,
alors qu'elle existait intégralement.

9) BÉZIERS (XIIe siècle). — La cathédrale de Béziers fut brûlée
en 1209. Un passage de la *Chronique de la croisade contre les
Albigeois* nous l'apprend en ces termes :

E ars tot le mostiers que fetz maistre Gervais.

Ainsi le maître de l'œuvre s'appelait Gervais. Dès 1844, d'ailleurs, Renouvier l'avait fait connaître à ses confrères en
archéologie.

10) BOURGES (XIIIe siècle). — Plusieurs noms de maîtres de
l'œuvre de Bourges sont parvenus jusqu'à nous. Au-dessus du
linteau de la porte de Saint-Ursin du XIIe siècle, on lit GIRALDVS
FECIT HAS PORTAS. En 1224, pendant que Girardus de Cor-
nossa (Cornusse) est *magister simulacrorum*, Li Flamans est
magister de capsa et Martinus est *laptomus*. Ils sont, en qualité
d'artistes travaillant à la Cathédrale, déchargés, par le Chapitre,
de la Mortaille.

Au bas de l'*Histoire de Noé* sculptée au porche principal on
lit : AGVILLON DE DROVES. Enfin M. Boinet, en 1912, a
signalé le nom de Niciel, maître d'œuvre, auquel il croit pouvoir
attribuer, en 1295, les deux porches latéraux de la Cathédrale.

11) CAMBRAI (1227). — A lire Quicherat, on ne saurait vraiment douter que le maître de l'œuvre de la cathédrale de Cambrai ait été Villard de Honnecourt.

Ce qui semble tout à fait probant, c'est que les chapelles
dont on trouve les plans dans son célèbre *Album* n'existaient
pas encore quand elles y furent dessinées, puisqu'elles sont
accompagnées de la mention : « de telles manières doivent
estre s'on lor fait droit ».

L'église qui remplaçait la cathédrale romane, restaurée par
l'évêque Gérard, *sapiens architectus*, en 1080, était conçue
d'après les plans de la cathédrale de Reims, précieusement

relevés par Villard de Honnecourt dans son *Album*. La chose
est tóute naturelle, puisque Cambrai, n'étant pas encore métro-
póle, dépendait de la province rémoise : elle était donc fille de
l'Eglise de Reims. Et le plan relevé par Aimé Boileux en 1825,
gravé dans les *Recherches sur l'église métropolitaine de Cambrai*,
est absolument conforme au dessin du manuscrit.

Le xiv⁰ siècle va nous donner plusieurs noms d'artistes qui
travaillent à la Cathédrale : Colin de Brancourt (1339-1340);
en 1348, Jean de Biauneveu, dit Poutrain; en 1353, Savalle; en
1365, Beaudouin Le Roux; en 1368, Hue de Corbie, descendant
de Pierre de Corbie, l'ami de Villard de Honnecourt; en 1391,
Gilles Largent; enfin, en 1397, Jehan Boutry.

12) CHÂLONS-SUR-MARNE (1257). — Dans ses *Procès-verbaux*
de 1842, le Comité d'archéologie, après s'être applaudi d'avoir
reçu dans l'intervalle de deux sessions, des communications
sur DEUX CENT VINGT-CINQ (*sic*) artistes du moyen âge à
peu près inconnus ou ignorés, signale une pierre tombale
trouvée dans la cathédrale de Châlons-sur-Marne. Comme
celle de Libergier de Reims, elle représente un personnage à
manteau court et à capuchon rabattu. tenant entre ses bras
un modèle d'église ; on peut être presque certain que c'est un
architecte. Malgré les brisures, l'inscription donne encore :
CI GIST MICHIES LI PAPELARZ ▨▨▨▨ LAN MCCLVII[1].
Il faut donc bien probablement voir là l'architecte de Notre-
Dame de Châlons et également celui de l'église de Saint-Etienne
de la même ville.

13) CHARTRES (xii⁰-xiv⁰ siècles). — Il y avait dans la seconde
moitié du xix⁰ siècle, à Chartres, un vieux tonnelier, M. Lecoq,
qui sur la fin de sá vie se prit de passion pour l'histoire de sa
ville. Tous les membres de la société d'archéologie — les survi-
vants de 1875 — se rappellent cette intéressante figure d'ou-

---

1. L'estampage en a été envoyé au Comité en 1843 par M. F. Pernot,
membre de la Commission archéologique de la Marne ; il m'a été impossible
de le retrouver.

vrier qui, une fois retiré des affaires, passait sa vie à la Bibliothèque et aux Archives départementales à dépouiller les vieux
comptes et les manuscrits.

Alors que L. Merlet, l'archiviste, tout imprégné de la légende
de l'anonymat, imprimait que « les pieux artistes du moyen
âge, travaillant avant tout pour la gloire de Dieu, ne son-
geaient guère à livrer leur nom à la postérité, et qu'ainsi,
de leur fait, nulle part nous ne trouvons leurs noms », notre
vieil artisan, très mal vu d'ailleurs pour ce motif, faisait sortir
des comptes, des nécrologes, des cartulaires pourtant bien
explorés, mais par des savants dont le siège était fait, la trace
et le nom de nombreux artistes qui avaient travaillé à la basilique chartraine.

Dans son étude sur la cathédrale de Chartres (*Mémoires des
antiquaires de France*, 1903), M. Eug. Lefèvre-Pontalis a fait
dans ses travaux une ample moisson, qu'on peut ainsi résumer,
avec quelques corrections ; car, ainsi qu'on va le voir, les dires
nouveaux, les lectures et les gravures (dessinées) de M. Lefèvre-
Pontalis ont besoin d'être fort soigneusement controlés.

Quel est l'architecte de la cathédrale chartraine du xiᵉ siècle ?
Lecoq estimait que, comme on ne trouvait dans les *Nécrologes*
du temps que le nom d'ouvriers secondaires, c'était fort probablement Fulbert lui-même qui en avait donné le plan et dirigé
les travaux. Hypothèse bien hardie pour l'époque, car on ignorait encore combien furent nombreux les abbés, les évêques, non
seulement grands bâtisseurs d'églises, mais directeurs des
travaux. C'était le temps ou « *fecit* », à la suite d'un nom
épiscopal, signifiait « a fait faire », alors que maintenant les
chroniques, relues avec soin, nous montrent plus de cinquante
prélats ou chanoines, véritables maîtres d'œuvre, nommés
même évêques, uniquement pour être les *architectes* de nouvelles
cathédrales : tels Gundulfus, moine de Caen, évêque élu de
Rochester ; Lanfranc de Saint-Etienne, élu évêque de Cantorbéry ; Ernulph, évêque de Colchester ; Gérard II, évêque de
Cambrai, dont le nom au nécrologe est suivi de *sapiens*

architectus; d'ailleurs on en trouvera une liste à la fin de cette étude. Il est donc fort admissible que Fulbert donna les plans de la cathédrale du xıᵉ siècle ; le passage du nécrologe, au IV des ides d'Avril, n'y contredit pas : « ad restaurationem hujus sancti templi quod *ipse* post incendium a fundamento reedificare ceperat ». Le mot *ipse* semble bien caractéristique.

De cette époque nous avons dans les obits les noms de *Teudho, qui frontem hujus ecclesie fecit,* de Manvaldus, de Britto, de Jean, de Martin, de Jean fils de Vital, charpentiers, de Berengarius, *artifex bonus*; vers 1164, le pavage de l'entrée de chœur avait été refait par *Robertus, natione armoricus.* En 1194 la cathédrale de Fulbert fut détruite par un incendie.

Il est un nom gravé au portail royal de la cathédrale qui mérite de retenir notre attention, quoique M. Lefèvre-Pontalis ait imprimé qu'il serait « insensé » de voir là un artiste[1]. Le mot est peut-être un peu gros, quand on lit les arguments de M. Lefèvre-Pontalis : on croirait presque entendre le vieil Haeckel, répondant à celui qui n'était pas de son avis : « Vous êtes un imbécile. » Peu importe, examinons la chose.

Derrière une des statues on peut lire en belles capitales ROGERVS. Comme le personnage a un veau à ses pieds, c'est un boucher, dit M. Lefèvre-Pontalis, dont le nom est écrit, *au-dessus de sa tête.* Boucher? Mais comme sur plusieurs autres points, il ne faut accepter les dires, les gravures même donnés par M. Lefèvre-Pontalis qu'avec les plus extrêmes réserves. Il est à l'école de ces maîtres qui n'hésitent pas à imprimer que « quand un tableau est signé, c'est une chance de plus pour qu'il soit faux ». La signature Robertus, étant bien visible, ne peut donc être celle d'un artiste.

D'abord, ce « boucher », qui ne tue nullement le veau à ses pieds, n'a pas son nom inscrit *au-dessus* de sa tête, pour l'indiscutable raison qu'il n'a plus de tête. Rogerus est gravé aujourd'hui *au-dessus de son cou*; il était par conséquent

1. *Bullet. de la Société des Antiquaires de France,* 1907, p. 172.

derrière sa tête, presque absolument dissimulé, comme celui de BRVNVS à Saint-Gilles du Gard. Son costume fort riche, bordé d'un galon couvert de broderies, ne semble guère celui d'un boucher à l'abattoir. Si c'eût été un boucher, eût-il été même un des donateurs de l'église, sa statue serait-elle vraiment placée à l'endroit *le plus apparent*, au milieu, au-dessus même des rois et des reines qui ornent le portail?

Mais ce qui serait tout à fait extraordinaire, c'est que le nécrologe, pour une donation aussi précieuse, ne contînt pas la moindre mention d'un Rogerus, *lanius*, alors que le Chapitre n'avait garde d'oublier des donateurs de beaucoup moins d'importance.

14) Enfin, dans le nécrologe de l'abbaye de Saint-Père, dans la ville même de Chartres, presqu'à l'ombre de la basilique, nous lisons, à cette époque, l'obit d'un ROGERIUS *artifex*.

Si bien d'ailleurs, qu'après notre discussion, M. Lefèvre-Pontalis finit par déclarer que la question de savoir si le Chartrain Rogerus exerçait un art ou un métier au XIIIe siècle était *insoluble*. C'est déjà beaucoup.

Pour le XIIIe siècle, nous n'avons aucun nom à signaler, les registres capitulaires ayant été détruits. Il en est de même du Labyrinthe, qui aurait pu, comme dans tant d'autres églises, nous révéler le nom des maîtres de l'œuvre, ainsi que l'a signalé il y a bien des années Doublet de Boisthibault (*Rev. arch.*, VIII, 1855, p. 446). Il faut arriver au XIVe siècle pour en reprendre la suite.

De 1300 à 1316, c'est maître Jean des Carrières ; il a sous ses ordres, en 1306, Renaud, charpentier de Sens et, en 1310, Simon, charpentier de Chartres. En 1316, Simon Daguon lui succède comme architecte. A cette date eut lieu une expertise des travaux, Pierre de Chelles, *magister fabricæ B. M. Parisiensis*, Nicolas de Chaumes et Jacques de Longjumeau font un rapport qui nous a été conservé. Ces noms, nous allons les retrouver dans l'œuvre d'autres cathédrales de l'Ile de France dont on prétend les architectes inconnus. Ils étaient accompagnés, dans leur visite, de Daguon, l'architecte, de Simon, maître charpentier, de Berthaut, maistre imagier, qui fut chargé de remettre en place la statue de la Madeleine, au portail septentrional.

En 1370, le maître d'œuvre est Jean Aus Tabours, et non Cabours, comme dit M. Lefèvre-Pontalis (il s'appelle Jean Aux Tabours dans les comptes royaux de 1369). Nous le rencontrerons plus loin dans la direction des travaux de Notre-Dame d'Alençon et de Mantes.

15) En 1387, Perrot Martineau est charpentier, et Vuatier Laurent architecte en 1400. Il a pour auxiliaires Jean Briquede, Jean Douge, Vincent Patouin, Renaud Vielle, Vincent Fillais, Guillot Richeust, Jean Marsault, Guillaume Bretonnier, Jean Duchesne, Jeannin Bernart, Guillaume Brifer, André Belliart.

En 1415, Jean de Laletraye est charpentier et nous verrons, en 1431, Robin Bonvallet charpentier et Jehan Delaunoy, figurer dans les comptes.

Nous devons parler maintenant d'une inscription qui a été présentée comme une signature par nombre de savants. Mais de même que M. Lefèvre-Pontalis regardait la signature de ROGERVS, du Portail royal, comme le nom d'un boucher, bien ignoré d'ailleurs, le nom qu'il reproduit dans une gravure des *Mémoires des Antiquaires* de 1903, ROBIN B, inscrit en belles lettres de la fin du XIVe siècle au portail septentrional, lui paraît être la signature d'un *veilleur de nuit* (?)

Du XIVe siècle, nous connaissons un sculpteur chartrain, Maître Berthaut, qui assistait à une expertise en 1316 avec l'architecte Simon Daguon, mais s'appelait-il Robin ? On pourrait certainement chercher de ce côté si... la gravure donnée par M. Lefèvre-Pontalis était exacte. Or, l'estampage que M. Mayeux, l'architecte bien connu, a eu l'amabilité de me faire et que j'ai apporté à mes collègues des Antiquaires donne : ROBITP. Il n'y a donc nullement ROBIN B P. mais Robin TP. Et si nous cherchons alors dans nos listes de sculpteurs du XIVe siècle des noms commençant par ces initiales, nous rencontrerons tout de suite deux sculpteurs associés dans nombre de travaux importants de la fin du XIV° s. : Robin Loisel et Thomas Privé. Ils exécutèrent en 1389 la tombe d'Isabelle de Bourbon, et en 1397 la tombe de Du Guesclin à Saint-Denis. A moins que ce ne soit, plus vraisemblablement même, Robin P[ierre], maître d'œuvre de la cathédrale de Paris, en 1421, qui succéda à Henri Brisset, et aussi de Saint-Maclou de Rouen en 1432, Comme on sait que le Chapitre de Chartres prit souvent pour les travaux de réparations de la Cathédrale des artistes parisiens, on pourrait retenir une de ces pistes, réellement, au premier aspect, plus sérieuse que l'hypothèse d'un veilleur de nuit, vraiment aussi inattendue ici que celle de Dom Chamard, qui, pour prouver l'authenticité du Saint-Suaire, invoquait l'assassinat en 1890 d'une veuve Moutet, sur le quai de la Cannebière[1].

16) CLERMONT-FERRAND (1248). — Nous avons pour la Cathédrale un document de premier ordre : c'est l'inscription tumulaire de l'architecte Jean Deschamps, qui commença la Cathédrale en 1248, sous l'épiscopat de Hugue de La Tour.

MEMORIA SIT QVQD MAGISTER JOHANNES DE CAMPIS INCEPIT HANC ECCLESIAM ANNO DOMINI MILLESIMO DV-CENTESIMO QVADRAGESIMO OCTAVO QVI JACET CVM MARIA VXORE SVA ET LIBERIS EORVM. IN TVMVLO INCISO ANTE VALVAS BEATÆ MARIÆ.

Il mourut en 1280.

En 1340, Pierre de Cebazat, construit la nef.

17) Quant à *Notre-Dame du Port*, il est indispensable de revenir sur l'inscription connue du chapiteau de Joseph, qui a donné lieu à bien des discussions. Alors que les meilleurs historiens d'art y veulent lire « *Rutlius me fecit* », l'estampage m'avait fait croire qu'il y avait : « *Rittibitus me fecit* ». Or, la lecture est beaucoup moins compliquée ; il y a simplement ROTBERTVS. C'est d'ailleurs à cette dernière interprétation que s'est rallié le comte de Lasteyrie.

____

1. *Revue critique*, 1903 (I), p. 204.

18) Colmar (xiii° siècle). — Au ix° siècle, l'église était simplement une chapelle consacrée à Saint-Martin. A la fin du xiii° siècle, elle fut transformée en église gothique à trois nefs par un architecte français, dont on voit la statue, parmi les figures qui ornent le portail de Saint-Nicolas : à côté se lit l'inscription : « **MAISTRE HVMBRET** ». D'ailleurs, c'est la seule chose que nous sachions de lui. Sa statuette est la quatrième figurine à gauche.

Au milieu du xiv° siècle, le chœur actuel fut terminé par Guillaume de Marbourg, mort en 1363. Sa pierre tombale est à Saint-Pierre-le-Jeune de Strasbourg; sur la dalle, il est représenté en costume d'architecte.

19) Etretat (xii°-xiii° siècle). — Notre-Dame d'Etretat est une belle construction romane, dont le chœur et le transept datent du xiii° siècle. Le nom de l'architecte du xii° siècle, **GOSSE**, gravé sur une pierre dans l'intérieur de l'église, a disparu vers 1843.

Une charte des Archives de la Seine-Inférieure nous a conservé les noms de Garnier de Fécamp et d'Anquetil de Petitville, sculpteurs, qui travaillaient à l'œuvre entre 1218 et 1238.

20) Le Mans (xii° siècle). — Au commencement du xii° siècle, vers 1110, Hildebert, évêque du Mans (1097-1125), voulant relever sa Cathédrale, s'adressa à Geoffroy, abbé de la Trinité de Vendôme, pour avoir un architecte. Jean lui fut envoyé : il se mit à l'œuvre; mais quand Geoffroy le réclama, Hildebert refusa de le renvoyer et le garda.

La Cathédrale fut incendiée en 1136; l'évêque Guinmarus entreprit aussitôt de la réédifier. On voit au bas du maître-pilier, du côté de l'épître, la date de 1145.

Du xii° siècle nous n'avons aucun nom d'architecte, mais les nécrologes, les chroniques ont-ils été soigneusement dépouillés ? Cependant, quand nous savons que les évêques étaient architectes, qu'ils travaillaient de leurs mains pour leurs cathédrales, nous n'avons pas le droit de laisser sans mention un passage de la vie de Guillaume de Passavant, évêque de 1143 à 1187, que nous trouvons dans les *Gestes des évêques du Mans* : il orna lui-même une de ses chapelles de statues « *viventium speciebus expressis conformatae ; intuentium non solum occulos, sed etiam intellectum depraedantes.* »

La Cathédrale avait été terminée vers 1258, après de longues années de travail ; à cette époque Thomas, *dictus* Tostain, *cementarius*, est occupé à l'œuvre. On croit pouvoir supposer que Simon du Mans, que nous trouvons à Tours en 1279 avec Etienne de la Montagne ou de Mortagne, avait d'abord travaillé au Mans ; mais on n'en a aucune preuve.

Au commencement du xive siècle (dans les vingt premières années), Mathieu Julien est le maître de l'œuvre. Il travaille à harmoniser le chœur avec l'ancien transept du xiie siècle ; mais le Chapitre ne peut faire terminer le travail que vers 1395.

Au xve siècle, les artistes sont nombreux. Comme en 1403 nous rencontrons le nom de Nicole de Lescluse, maître d'œuvres, on peut supposer que c'est lui qui acheva la partie méridionale du transept.

21) LE PUY (xiie-xive siècle). — Bien que dans une des plus scientifiques descriptions des portes sculptées de la cathédrale du Puy, il ne soit question que d'un encadrement fait de « beaux caractères arabes qui font penser à l'art des Mozarabes d'Espagne », à les examiner attentivement, on ne tarde pas à y voir GAUZFREDVS ME FECIT, PETRVS ED. — Godefroy m'a fait, Pierre m'a édifié. — S'agit-il de l'évêque Pierre II (1145 + 1155) ou de Pierre III (1159 + 1189)? En tous cas, comme Pierre était l'évêque, il s'ensuit que Godefroid était l'artiste qui exécuta ces portes. Plus tard, en Italie, nous retrouverons la porte du tabernacle de Sienne, signée de la même manière, en caractères pseudo-coufiques, TURRINI, nom d'un orfèvre, italien, confirmé par les comptes.

D'après N. Thiollier, c'est à cet artiste, célèbre dans son emps, qu'il faut attribuer les portes romanes sculptées de Blesle, de Chamalières et de La Voûte Chillac.

La Cathédrale nous fournit encore, sculptés sur la Porte de Saint-Martin, deux noms d'artistes : GACHARDVS et GUIS-CARDVS.

Quant à l'inscription PISO SENATVR ARTEFEX FECIT, qu'Aymard signalait naguère sur une architrave de pierre, maintenant au Musée, il semble assez difficile d'indiquer son exacte provenance et la date de son exécution ; mais elle devait être mentionnée.

22) MEAUX (XIIIe-XIVe siècles). — Le peu que nous savons de l'histoire de l'œuvre de la cathédrale de Meaux répand cependant sur les relations des cathédrales de l'Ile de France la plus curieuse lumière.

Il ne s'agit plus en effet de rapports d'architecture, mais des architectes eux-mêmes, de parenté d'ateliers dont le nom des chefs doit donner la clé de questions sur lesquelles on pourrait longuement discuter sans se convaincre.

Le plan de Saint-Etienne de Meaux se trouve dans l'*Album* de Villard de Honnecourt avec cette mention : « Vesci l'esligne-ment de l'églize de Miaux de Saint Estienne. » Mais quand le célèbre architecte la relève vers 1250, elle n'était pas telle que nous la voyons aujourd'hui. Des titres certains prouvent qu'en 1268 « cette toute belle et noble construction ne présentait que lézardes et était à la veille d'une épouvantable ruine. » En 1253, le maître d'œuvre était Gautier de Val Renfroi. Si l'on observe que le portail des Merciers est une copie du portail méridional de Notre-Dame de Paris, œuvre de Jean de Chelles en 1257, il n'y a pas lieu d'en être surpris. C'est Nicolas de Chaumes qui en 1326 donne le plan de la façade. Or, nous avons vu Nicolas de Chaumes et Pierre de Chelles fils de Jean, associés dans une expertise en 1316, et quand, en 1308, il était maître d'œuvre de la cathédrale de Sens, c'était déjà à Colin Cheile qu'il achetait les colonnes de pierres dont il avait besoin.

N'oublions pas que Chelles est un petit village, peu éloigné de Meaux.

Quant aux Val Renfroi, nous avons ainsi en 1253 ce Gautier ; nous rencontrerons en 1309 Pierre de Val Renfroi, construisant à Paris le collège de Navarre ; en 1342, c'est Jean de Val Renfroy qui est maître de l'œuvre de la cathédrale de Sens ; de telle sorte que nous nous retrouvons toujours, pendant plus d'un siècle, devant les trois noms associés des Val Renfroy, des Chelles, des Nicolas de Chaumes. Ce qui peut expliquer alors bien des choses obscures jusqu'ici et que seules, des personnalités déterminées peuvent nous laisser mettre au point.

23) METZ (1381). — Bégin, dans son *Histoire de Metz*, nous a conservé le dessin d'un monument qu'on voyait encore dans la cathédrale de Metz au xviiie siècle.

Il représentait un personnage à genoux devant la Vierge. Son épitaphe nous apprend que c'est le tombeau de Perrat, architecte de la Cathédrale, exécuté par son élève Thierry de Sierck.

> DESSOVS CEST ALTEIT GIT MAI
> STRE PIERE PERRAT LE MASSON MAI
> STRE DE LOVRAIGE DE LA CITEIT
> DE MES ET DE LESGLYE DE NOSTRE DA
> ME DO CARME ET DE LA GRANT ES
> GLYE DE TOVLT ET DE VERDVN QVI
> MORVT LE XXVe JOVR DOV MOY DE JV
> LET LAN DE GRACE NOSTRE SEGNOVR
> M ET CCCC PRIES ADEV POVR LVY.

C'est ainsi sous un autel, au-dessous de la sacristie, dans le collatéral du côté de la place de la Chambre, que reposait l'architecte de la Cathédrale, achevée en 1381.

Son monument nous apprend en même temps qu'il fut, non seulement l'architecte de l'église des Carmes de Metz, mais également celui des cathédrales de Toul et de Verdun, qui devaient plus tard former les Trois Évéchés.

Perrat était né à Metz au commencement du XIV⁰ siècle, mais on ignore la date de sa naissance. Nous connaissons seulement celle de sa mort, le 25 juillet 1400.

Après lui, Rogier Jacquemin, le sculpteur, en fut le maitre d'œuvre ; il meurt le 11 février 1446. Il travaillait également aux cathédrales de Metz et de Toul avec Grant Jehan « tailleur d'images », que la *Chronique* qualifie de « grand ovrier ».

En 1468, Jean de Ranqueval éleva la tour, qui fut terminée en 1481.

24) LE MONT-SAINT-MICHEL (1203-1268). — Qu'y a-t-il de vrai dans la légende rapportée par M. Ed. Schuré, dans la *Revue des deux Mondes* (août 1890) que l'auteur de la colonnade serait un certain Gaultier ? Sur lui, nous n'avons aucun renseignement. Mais, pas plus que tant d'autres monuments du XIII⁰ siècle, la *Merveille* n'a jalousement gardé son secret. De même qu'à Reims les portraits des architectes entouraient l'archevêque qui avait bâti la cathédrale, ici, dès 1877, Corroyer avait mentionné, non seulement les noms, mais les figures, malheureusement mutilées, des deux maitres d'œuvre MAGISTER ROGERVS et MAGISTER JEHAN, qui accompagnaient le buste central de DOMNVS GARINVS. Ici donc, comme à Bâle, comme à Colmar, comme à Ciudad Rodrigo, comme à San Cucufat, comme à Saint-Claude, comme à Genève, comme à Aoste, pour ne citer que des exemples indiscutables, les artistes nous ont aussi laissé leurs noms auprès de leurs portraits.

25) NEVERS (XII⁰ s.). — L'église de Saint-Sauveur s'est effrondrée en 1838. Heureusement, le *Bulletin monumental* (t. XXXV, p. 595) nous a conservé le nom de l'architecte MAVO, inscrit au tympan de l'église.

26) PARIS (1257). — *Notre-Dame.*

ANNO D. MCCLVII MENSE FEBRVARIO IDVS
SECVNDVS HOC · OPVS FVIT · INCEPTVM. CHRISTI
GENITRICIS HONORE · KALENSI LATHOMO.
VIVENTE JOHANNE MAGISTRO.

Cette inscription, qui se lit sur la plinthe droite du portail méridional de Notre-Dame de Paris, nous apprend ainsi que Jean de Chelles, architecte, a commmencé le travail le deux des ides du mois de février 1258.

Et d'un texte signalé par M. H. Stein en 1911, il semble bien résulter que Pierre de Montreuil, qui meurt en 1289 et que nous retrouvons dans l'érection de tant de monuments parisiens, a collaboré avec Jean de Chelles dans l'œuvre de Notre-Dame. Mais est-ce à dire que ce dernier fût l'architecte de toute la partie occidentale de la basilique ?

L'expertise de Chartres de 1316 nous apprend, au contraire, qu'en 1316 Pierre de Chelles était « *magister fabricae B. M. Parisiensis* ». Comme le portail septentrional est d'environ cinquante ans moins ancien que le portail méridional, c'est donc à Pierre, fils ou neveu de Jean.de Chelles, mais en tous cas son descendant, imbu de ses traditions, que nous devons l'attribuer. Et nous pourrons alors nous expliquer les rapports constatés entre le portail des Merciers de Meaux et le portail méridional de la cathédrale de Paris, puisque les plans sont ainsi sortis du même atelier.

Pierre de Chelles avait commencé comme sculpteur de monuments funèbres ; c'est lui qui exécuta le tombeau de Philippe le Hardi, dont il fut payé en 1307.

Ne quittons pas la cathédrale de Paris sans reproduire l'inscription du Tour du chœur :

> C'est Maistre Jehan Raüy.
> Massou de Nostre-Dame par l'espace de XXVI ans
> Qui commença ces nouvelles histoires.
> Et Jehan le Bouteiller son nepveu.
> Qui les a parfaites en l'an MCCCLI.

Ainsi Jehan Raüy était, *la/homus*, architecte de Notre-Dame, bien avant 1325 : on peut donc penser qu'il succèda à Pierre de Chelles qui dirigeait l'œuvre en 1316. De sorte que pendant plus de cent ans nous avons, sans interruption, les noms de quatre des architectes de la cathédrale de Paris,

On voyait autrefois à la clôture du chœur de Notre-Dame, dans le collatéral Nord, vis à vis de la Porte rouge, la représentation de ce Jean Raüy, accompagnée d'une inscription commémorative. Dans la tourmente révolutionnaire elle a disparu et moins heureuse que celle de Perrat de Metz, qu'on peut voir dans Bégin, il ne nous en reste que le souvenir.

L'effigie du chanoine maistre Pierre de Fayet, qui l'accompagnait, était ainsi conçue :

MAISTRE PIER
RE DE FAYET
CHANOINE DE
PARIS A DON
NE CCII PAR ·
POUR AIDIER
A FAIRE CES
HYSTOIRES ET
POVR LES NO
VELLES VOIR-
RIERES Q SUT
SVS LE CUER
DE CEANS

En 1815 elle faisait partie de la collection des Petits Augustins ; elle y est cataloguée sous le le n° 134. En 1842, elle était intacte et fut déposée dans un atelier dépendant du musée historique de Versailles. Qu'est-elle devenue depuis ce moment ?

27) PARIS (1318). — *Saint-Jacques.* — Si nous ouvrons les *Mémoires des Antiquaires de France* de l'année 1865, nous avons, dans une étude sur Saint-Jacques, les comptes de 1318, les seuls qui n'aient pas été détruits. Nous y trouvons les plus précieux renseignements.

En cette année, nous y lisons en effet les payements pour des œuvres déterminées de maçonneries, de sculptures, de peintures. faits à Conrad Toussac, Henri de Baussant, Pierre de Paillard, Michel de Bracheuil, Loys de Chaumont, Moriset ;

Robert de Lannoy, sculpte les Apôtres, dont saint Jacques
(le n° 1903 du Musée de Cluny), et les peint ; Pierre de
Broissièles (Bruxelles) peint les statues du pignon. Un Anglais,
David de Conventry, est son associé. Un peu plus tard, Raoul de
Heudicourt sculptera la statue de Madame la Royne à genoux,
de la Comtesse d'Artois et des quatres filles de la Royne.
Guillaume Noutriche sculpte un saint Jacques, aux pieds
duquel sont agenouillées la reine Jeanne de Bourgogne, femme
de Philippe le Long, avec ses quatre filles, Jeanne, Marguerite,
Isabelle, Blanche, et la Comtesse d'Artois sa mère ; il terminera
ensuite la statue de l'évêque de Beauvais. Jehan de Thermes
sculpte des angelots, et Pierre Gaudeer les colonnes qui
soutiennent saint Jacques.

Nous trouvons là aussi le miniaturiste Mahiet, dont il
a été question naguère à propos du ms. lat. 10483 de la Bibliothèque nat., *le Bréviaire de Belleville* (Mély, *Signatures de
Primitifs*, 1913, p. 60). Là, nous apprenons qu'il s'appelait
Mahiet de Douai. Il fut chargé d'écrire et d'enluminer une
Légende de saint Jacques. Puis ce sont deux maçons, Reynau-
din de Laon et Lorin de Biaumont, enfin un peintre qui
travaille aux tabernacles, Thevenin Legrant ; plusieurs de ces
artistes travaillaient encore en 1348.

28) PARIS. — *Sainte-Chapelle.* — La Sainte-Chapelle fut commencée en 1240 et non en 1248, comme on le croit générale-
ment (Mély, *Chronique des arts*, 1899, p. 24). Elle fut édifiée sur
les plans de Pierre de Montreuil, et non de Montereau ainsi
qu'il est souvent nommé. Il fut inhumé dans la chapelle de la
Vierge de Saint-Germain des Prés qu'il avait édifiée, ainsi que le
réfectoire de l'Abbaye. Il était représenté sur sa pierre tombale
avec une règle et un compas à la main : on y lisait cette
inscription :

FLOS PLENVS MORVM, VIVENS DOCTOR LATOMORVM
MVSTEROLO NATVS JACET HIC PETRVS TVMVLATVS.
QVEM REX COELORVM PERDVCAT IN ALTA POLORVM
CHRISTI MILLESIMO BIS CENTO DVODENO
CVM QVINQVAGENO QVARTO DECESSIT ANNO.

Comme on le voit, ce sont des vers sans quantité, simplement métriques, que les poètes religieux du moyen âge employaient à l'imitation de l'hymnologie grecque, ainsi que l'a montré, en 1866, le cardinal Pitra,

Pour qu'il n'y ait pas d'hésitation sur le nom de Montreuil qui a été l'objet, dernièrement encore, de savantes dissertations, la pierre tombale d'Agnès, sa femme, enterrée dans le chœur de la même chapelle portait :

> ICI GIST ANNES FAMME JADIS FEV
> MESTRE PIERRE DE MONTREVL
> PRIEZ DIEV POVR LAME DELLE

En 1383, Robert Faucher était le maître charpentier de la Sainte-Chapelle.

Il ne faut pas confondre Pierre de Montreuil avec Eudes de Montreuil, également architecte parisien, qui meurt en 1289 et qu'on retrouvera un peu plus loin.

29) PÉRIGUEUX (1169). — Le couronnement du tombeau de l'évêque Jean d'Asside, mort en 1169, dans l'église de Saint-Etienne de Périgueux, est formé d'un arc en tiers-point, décoré de feuillages, qui repose sur deux colonnettes surmontées de chapiteaux.

Deux longues inscriptions, relatives à Jean d'Asside, sont gravées sur le montant de gauche; mais au-dessus de la retombée, l'artiste, sans aucune humilité, a tracé en grandes lettres, à l'endroit le plus apparent, même au-dessus du nom de l'évêque, l'inscription suivante :

> CONSTANTINVS DE JARNAC
> FECIT HOC OPVS·

30) REIMS (1211). — C'est donc dans *La Cathédrale martyre* que M. Louis Gillet écrit : « Sans doute nous ne saurons jamais rien des hommes admirables qui ont créé les œuvres sans prix dont nous parlons... Pourquoi faut-il que nous ne puissions deviner un de ces noms qui devraient nous être sacrés »?

N'aurait-il donc pas lu les travaux dont à la première page

de son article il nous donne cependant une courte bibliographie?

Mais telle est la puissance de la Tradition, telle est l'autorité des « *Verba magistri* », qu'il n'a pas même eu la pensée d'ouvrir le travail que M. Demaison avait publié en 1894 dans le *Bulletin archéologique*.

Laissons de côté Rumaldus, l'architecte de la première cathédrale en 875, et ne parlons que du labyrinthe célèbre, objet de tant d'études, détruit en 1778, mais que Jacques Cellier, au xvi⁰ siècle, eut l'heureuse inspiration de relever (Bibl. nat., ms. fr. 9152, p. 77), reproduit depuis bien des fois d'ailleurs, avec cette légende :

« Au milieu du dit dédale, il y a un rond large de six pieds et demy, dans lequel est insculptée la représentation de celuy qui l'a fait, avec quelqu'escriture à l'entour, laquelle ne se peult cognoistre.

« Autant y en a aux quatre coingts d'iceluy dédale, où sont représentation et escriture : premier en celuy qui est près de la chaière du prédicateur en la dicte église, qui est entrant à main gauche, est l'image de maistre Jehan Le Loup qui fut maistre des ouvrages d'icelle église l'espace de seize ans et commença les portaux d'icelle.

« En l'autre du mesme costé est l'image de Gaucher de Reims, qui fut maistre des ouvraiges l'espace de huict ans, qui ouvra aux vossures et aux portaulx.

« En l'autre qui est d'autre costé vis à vis, et opposite de ceste cy, est l'image d'un Bernard de Soisson qui fist cinq voutes et ouvra à l'O, maistre de ses ouvraiges l'espace de trente cinq ans.

« En la dernière qui est à l'opposite de la dicte chaière du prédicateur est l'image d'un Jehan d'Orbais, maistre des dicts ouvraiges, qui encommencea la coiffe de l'église.

« Ces quatre dernières rotondités ont cinq pieds de largeur ».

La Cathédrale fut commencée en 1211 ; le Labyrinthe date de 1290 environ. Nous avons ainsi, par lui, pendant soixante

dix neuf années, le nom des architectes de la Cathédrale :
Jean d'Orbais, qui travailla de 1211 à 1231, Jean Le Loup
de 1231 à 1247, Gaucher de Reims de 1247 à 1255, enfin
Bernard de Soissons de 1255 à 1290.

Quant au portrait du centre, c'était fort probablement, comme
dans le labyrinthe d'Amiens, la figure de l'évêque sous qui la
basilique fut commencée, Albéric de Humbert, qui, en 1211, en
posa la première pierre.

A leur suite, M. Demaison cite : Adam, dont le chanoine
Cocquart, au xviiᵉ siècle, découvrit la pierre tombale entre les
piliers hors de l'église, avec cette inscription :

☩ CY GIST MAISTRE ADAMS QVI FVT MAISTRE DE LOVVRE.

Cette épitaphe, en français, semble bien en effet dáter du
commencement du xivᵉ siècle. Adam prendrait place ainsi
après Robert de Coucy, mort en 1311, suivant l'inscription de
la pierre tombale qui se trouvait autrefois dans le cloître de
Saint-Denis de Reims.

CY GIST ROBERT DE COUCY MAISTRE DE NOSTRE DAME
ET DE SAINT NICAISE QVI TRESPASSA L'AN MCCCXI.

Adam meurt avant 1318, car à cette date Colard, dont nous
ignorons tout, est maitre de l'œuvre ; il l'est encore en 1327 ;
de 1352 à 1358, Gilles de Saint Nicaise est à son tour maitre
de l'œuvre ; en 1389, nous rencontrerons maitre Jean de Dijon
qui meurt vers 1416 ; il eut pour successeur Colard de Givry,
qui exerça les fonctions de maitre de l'œuvre pendant trente-
six ans et qui mourut le 18 décembre 1452, ainsi que le disait
son épitaphe : « Cy gist maistre Colart de Giveri qui fut
maistre de l'œuvre de cette église, 1452. »

C'est lui qui exécuta le jubé de la Cathédrale, détruit au
xviiiᵉ siècle, qui avait été terminé en 1485 par le maitre-maçon
Denis Aubert.

31) De ce que *Saint-Nicaise* et Notre-Dame ont des rapports
très proches, de ce que Robert de Coucy et Gilles de Saint-
Nicaise ont été maitres des œuvres des deux églises, on a

cru pouvoir regarder Hugues Libergier comme un des premiers maitres d'œuvre de Notre Dame.

Sa pierre tombale dans l'église de Saint-Nicaise, sur laquelle il est représenté avec ses attributs d'architecte, porte simplement l'inscription suivante :

CI GIST MAISTRE HVES LIBERGIERS QVI COMENÇA CESTE EGLISE AN L'AN DE L'INCARNATION MCC ET XXIX LE MARDI DE PAQVES ET TRESPASSA L'AN DE L'INCARNATION MCCLXIII LE SEMEDI APRES PAQVES POVR DEV PIEZ POR LVI

Il n'est là nullement question de la Cathédrale, quand au contraire l'épitaphe de Robert de Coucy et les pièces d'archives qui ont rapport à Gilles de Saint-Nicaise précisent qu'ils furent maitres des œuvres des deux églises.

Nous sommes loin, comme on le voit, de l'anonymat imposé aux architectes, de l'ignorance absolue de leurs noms qui ne nous permettaient pas d'autre ressource, pour la connaissance des œuvres d'art, que des hypothèses.

Et tout de suite leur valeur, essentiellement relative, devient fort inquiétante.

En effet, dans son article du 15 décembre 1918, de la *Revue des deux Mondes*, M. Ch. Coppier, parlant à propos de la cathédrale de Reims de *Nos revendications* artistiques et des monuments allemands auxquels nous pourrions demander des compensations, signale la cathédrale de Bamberg dont il déclare le peuple des statues, proche parent des merveilles de Reims détruites par l'ennemi, comme pouvant aider à réparer les ruines causées à la Cathédrale martyre par les barbares.

Il n'ignore pas, à la vérité, les noms des architectes de la cathédrale : il dit simplement que « notre pays trop riche en artistes de premier ordre les a noyés dans un obscur anonymat dès le début du xvie siècle ». Il me semble que c'est pourtant à un curieux du xvie siècle, Jacques Cellier, que nous sommes redevables des noms des premiers architectes de Reims.

Sans se préoccuper des dates données par l'inscription du

Labyrinthe, sans tenir compte des attributions aux artistes, il affirme « qu'il reste à Gaucher de Reims l'immense gloire méconnue d'avoir œuvré durant huit ans aux voussures et aux portaux, lesquels ne peuvent être que les trois porches surmontés de gables, de la façade occidentale ». Ce point de départ, qui ne repose que sur une simple hypothèse personnelle, lui paraît tellement solide qu'il décide que « c'est donc à maitre Gaucher de Reims et à son atelier qu'il faut attribuer sans conteste les remarquables figures des trois porches et la déco‑ration du contre-portail intérieur, l'une des plus pures mer‑veilles de la statuaire médiévale et le plus rare trésor de Reims ». Et le voilà qui conclut : « C'est à Bamberg qu'on trouvera des œuvres de Gaucher de Reims pour remplacer nos statues détruites... Car il est matériellement impossible qu'un autre sculpteur ait eu dans le même temps le même style et la même main. Toute la statuaire de Reims était terminée en 1249 ». La question, en quelques lignes, se trouve ainsi tranchée.

Malheureusement, plusieurs points restent difficiles à admettre, quatre si on veut : 1° Bamberg est inspiré de Reims ; 2° Gaucher de Reims est un sculpteur ; 3° la statuaire de Reims est achevée en 1249 ; 4° Gaucher est à Bamberg en 1250, avec son atelier. M. Coppier serait certainement bien embarrassé pour trouver, autre part que dans son affirmation, une réponse à ces quatre questions. Assurément, il n'a pas étudié la bibliographie de Bamberg, qui montre l'incertitude qui plane sur ses origines et sur sa filiation.

32) En 1902, M. Weese affirmait que c'était bien la sculpture française qui avait donné à Bamberg les modèles de ses sculptures, mais qu'ils dérivaient des diverses écoles du Midi de la France ; les réserves de M. Raymond Kœchlin, sur ce point, ne sauraient être passées sous silence. Quant au monument lui-même, Darcel, il y a bien longtemps, montrait ses rapports étroits avec Laon, signalait ses sculptures très particulières, notamment les célèbres bœufs si rares dans l'architecture, maintenant si bien cachés par des batiments accolés au Dôme

qu'on ne soupçonnne même pas leur existence; et il en rapprochait le voyage de Villard de Honnecourt en Hongrie, précisément dans ces temps-là. D'ailleurs Gaucher de Reims était-il sculpteur? Nul ne le sait. Gaucher a-t-il terminé les sculptures des portails de Reims en 1249? Les dates du Labyrinthe nous fournissent la réponse : Gaucher de Reims travailla à Notre Dame de 1247 à 1255 ; il n'était donc pas à Bamberg en 1250, avec son atelier.

Quant à affirmer qu'il « est impossible qu'un autre sculpteur ait eu, dans le même temps, le même style et la même main que Gaucher de Reims », il est probable que M. Coppier n'a pas eu connaissance d'un article de M. Carl R. af Ugglas, qui, quelques mois avant la guerre, publiait dans le *Konst och Konstnärer* (1913, fasc. 3), un article sur les sculptures de l'église d'Oja dans l'île de Gotland, des environs de 1270, « qui se rattachent de si près aux sculptures de l'église de Reims, qu'il faut certainement considérer leur auteur comme d'origine française ». Et de fait, il est difficile de trouver un plus précieux rapprochement que celui de deux têtes d'une parenté plus qu'évidente. Mais pour la Suède nous avons une pièce bien authentique : l'autorisation donnée en 1287 à Etienne de Bonneuil, sculpteur à Paris, par Philippe le Bel, pour « aler à Upsal, en Suède, et mener et conduire, au couz de la dicte église, tex compagnons et tex bacheliers, comme verra qu'il sera mestier et profit à la dicte église ».

Et les registres de la fabrique mentionnent effectivement la présence du sculpteur français, à Upsal, en 1291 et 1292[1].

Upsal présente assurément, de l'avis de tous, de curieuses analogies architecturales avec Reims, mais je crois que, pour la sculpture, Oja est beaucoup plus caractéristique. M. Coppier va-t-il dire que Gaucher de Reims en est nécessairement l'auteur?

Il y a donc là certaines questions que M. Coppier paraît avoir trop superficiellement étudiées.

---

1. La pièce est publiée par M. Wrangel, dans *Antiquarisk Tidskrift för Suérige* (Stockholm), XV (I), p. 118.

N'en est-il pas de même quand « il prend date pour une thèse qui sera soutenue sous peu, pour la *Suprématie de l'art en France* dans les dix siècles de notre histoire nationale » ?

J'aurais mauvaise grâce à la discuter d'avance : mais il me pardonnera certainement de lui signaler un article, paru dans *la Revue de l'Art* en 1906, *La Renaissance et ses origines fran-çaises*, de l'auteur de ces lignes, où peut-être il trouvera, sur un sujet qu'il croit sans nul doute inédit, des renseignements qui semblent lui avoir échappé.

33) RODEZ (1277). — La cathédrale de Rodez est un des monuments gothiques les plus intéressants du Midi de la France. La première pierre en fut posée le VIII des Kal. de Juin 1277 par l'évêque Raimond de Chaumont.

En lisant les études d'art de 1836, nous voyons comment, à propos de cette cathédrale, étaient traitées à cette date les inscriptions de nos vieux monuments. Je copie :

« Nous ne savons à quelle époque remonté une inscription qu'on voyait encore il y a quelques années sur le mur de la cathédrale de Rodez, et que le bon goût aura peut-être fait disparaître depuis.

« D'après cette inscription, ce monument serait aussi élevé que la grande pyramide d'Égypte. Il ne s'en faut que de 200 pieds que cela soit vrai. »

Cette inscription, aujourd'hui disparue par le fait du « bon goût » des romantiques, était ainsi conçue :

FACESSANT ÆGYPTIORVM INSANE PYRAMIDUM MOLES VALEANT ORBIS MIRACULA.

Comme le nom de Dédale rappelait le Labyrinthe, le nom des Pyramides rapprochait la cathédrale de Rodez d'une des merveilles du monde.

Par bonheur, un *fragment* de compte de 1294, échappé au vandalisme, nous apprend combien étaient payés les archi-tectes qui, de 1277 à 1298, édifièrent la cathédrale. C'étaient Maitre Stephanus et son élève Poncet, qui recevaient pour leurs

loyers 120 livres 6 sols, et B. Bruni, qui touchait 15 livres
4 sols 4 deniers. Les autres ouvriers, assurément de beaucoup
moins d'importance, y sont ainsi désignés en bloc : « Item
pro loqueriis multorum aliorum magistrorum, 85 l. 9 s. 6 d. »

Les noms des premiers architectes de la basilique nous sont
donc ainsi connus.

34) ROUEN (1200). — La cathédrale de Rouen fut détruite en
1200 par un terrible incendie. Guillaume le Magnifique, archevêque, entreprit aussitôt de la réédifier.

Jusqu'en 1879, on croyait que le premier maître de l'œuvre
était Ingelram, architecte, signalé dans la *Chronique du Bec*
comme maître d'œuvre de Notre-Dame en 1214. A cette époque,
M. de Beaurepaire découvrit un texte qui paraît établir au
contraire que le premier maître d'œuvre fut Jean d'Andely,
vivant en 1206, et qu'Ingelram fut seulement son successeur.

Après lui vint Durand le machon qui ferma les voûtes en
1233. Il sculpta sa signature « DVRANDVS ME FECIT » à la clé
de voûte. Mais, comme l'inscription de Rodez, « le bon goût »
de l'époque la fit enlever en 1842. On ne savait naturellement
pas ce qu'elle était devenue, quand je l'ai retrouvée en 1905
dans la 2e salle du Musée départemental des Antiquités de
Rouen, où certainement personne ne songeait à l'aller chercher.

Gautier de Saint-Hilaire était maître des œuvres en 1251 ;
Jean Dair termina en 1278 le portail nord et Jean Davy lui
succéda. Puis vint Guillaume I de Bayeux, puis Jean Vassal ; en
1357, Robert Le Rouge travaille aux Canges (bancs des Chan-
geurs), devant Notre-Dame ; en 1359 Jean Desperriers travaillait au portail Sud, achevé de 1463-1467 par Guillaume
Pontifs. Au commencement du xve siècle, en 1407, Jensen
Salvart est l'architecte du grand portail, et il dirige les
imagiers, Le Maire, Jean Lescot et Jehan Lehun qui en
sculptent les statues.

A ce moment, 1465, les stalles de la cathédrale sont également terminées par le sculpteur rouennais Philippot Viart : mais l'école flamande y devient prépondérante, puisque nous voyons figurer, parmi les artistes qui y travaillent, Laurens d'Ypres, Gillet du Chastel dit Flamenc, Hennequin d'Anvers, Guillaume Basset et Paul Mosselmen qui avait exécuté avec Etienne Bobillet les statuettes du tombeau de Jean de Berry.

35) Quant à *Saint-Ouen*, au xiii⁰ siècle, d'après M. Stein, Robert Roussel, maître d'œuvre de Rouen, prend l'engagement solennel de consacrer son temps et son talent au service de l'Abbáye.

Au commencement du xiv⁰ siècle, les travaux furent continués par un architecte dont la pierre tombale, assez effritée, est placée dans la chapelle de Sainte-Cécile. C'est probablement celle du Rouennais Jean Camelin, maître de l'œuvre de Saint-Louis de Poissy en 1318.

De 1388 à 1398, Jean de Bayeux, fils de Guillaume de Bayeux qui travaille à la Cathédrale, construit les voûtes d'une partie du transept et commence la tour de la croisée : Jean II de Bayeux, son fils ou son neveu, l'acheva. La pierre tombale d'Alexandre de Berneval, un des derniers maîtres d'œuvre de l'église et de Colin son élève, mort en 1440, est encadrée dans le pavage de la chapelle de Sainte-Cécile, autrefois de Sainte-Agnès, du côté gauche de l'église.

36) Saint-Gilles-du-Gard (1116).

> [AN]NO D[OMI]NI M⁰ C⁰XVI⁰ HOC TEMPLVM
> [SANCTI] ÆGIDII ÆDIFICARI CEPIT M[ENSE]
> A[PRI]L[I] F[E]R[IA] [SECVNDA] IN OCTAB[A]
> PASCHE·

Telle est l'inscription gravée sur l'assise d'un des contreforts du bas côté droit de l'église de Saint-Gilles-du-Gard. Ce fut Bertrand, fils de Raymond IV, comte de Toulouse, qui en jeta les fondements en 1116.

Quant à son admirable portail, le comte de Lasteyrie, qui a longuement étudié les textes qui se rapportent à ce monument, conclut qu'il existait bien avant 1209, et qu'il fut, par conséquent, entrepris pendant la période de paix dont l'Abbaye a joui pendant le XIIe siècle, c'est-à-dire antérieurement à 1179.

Ce portail est orné d'admirables statues. Derrière la statue de saint Jude, sur la muraille, on peut voir l'inscription suivante :

BRVNVS ME FECIT.

Aussi n'est-ce pas sans étonnement qu'on lit, dans les *Congrès archéologiques de France* (Avignon, 1909), sous la signature de M. Lefèvre-Pontalis : « Les deux premiers apôtres sont l'œuvre d'un certain Brunus qui les a signées. » Vraiment, le génial artiste, antérieur à Antelami, le si rude sculpteur italien de la porte du Baptistère de Parme en 1198, pour lequel l'Italie n'a pas assez de louanges, ne méritait-il pas mieux que l'aumône de ces quelques mots dédaigneux? Il est vrai que M. Lefèvre-Pontalis est de ceux qui n'admettent pas que les primitifs français aient pu signer leurs œuvres. Mais Brunus, qui, le premier, suivant l'expression de M. Maurice Barrès, a mis au point « la trouvaille de l'heureux regard que le génie jette sur la nature », était digne de quelques circonstances atténuantes. Et si M. de Lasteyrie juge que ces statues ne sauraient être postérieures à 1195, tandis que M. Labande croyait même pouvoir remonter jusqu'à 1150, Brunus, ainsi antérieur de plus de trente ans à Antelami, serait en réalité le premier artiste de la Renaissance, alors que l'Italie se traînait encore dans les formules conventionnelles du moyen âge.

Mais voici qui montre encore mieux le peu de cas que les Français font de leurs gloires. Si, après ma première communication de la signature de Brunus, aux Antiquaires de France, le moulage de l'inscription qu'on avait oublié de relever lorsque le portail entier fut moulé par la Direction des Beaux-Arts, vint presque aussitôt prendre sa place au Musée du Trocadéro, on trouve tout proche, derrière la statue de saint Barthélemy, une deuxième signature, dont on ne peut lire actuellement que ME FECIT; le nom de l'artiste est en effet recouvert de mortier. Il paraît donc là, sous notre main. Mais M. L. Sallez, inspecteur des monuments historiques, qui a bien voulu sur ma demande examiner s'il était possible de remettre au jour le nom de l'artiste, a malheureusement constaté que le mortier remplaçait un angle éclaté de la pierre et qu'il n'y avait aucun espoir de retrouver le second nom, dont deux lettres seules subsistent, un V et un R.

Il me semble aussi qu'on n'a pas attaché assez d'importance à *cinq* inscriptions tumulaires, encastrées dans le parement du mur de soubassement du portail.

Quatre ont été données dans le *Bulletin monumental* de 1844, mais sans commentaires. Aujourd'hui que nous savons que les architectes comme les artistes étaient si souvent inhumés au porche du monument qu'ils avaient élevé, est-il trop hypothétique, après avoir constaté qu'elles portent les dates de MCXLII et MCXLIII, si singulièrement proches des indications données par M. de Lasteyrie et M. Labande, de regarder ces quatre personnages comme faisant peut-être partie des premiers artistes qui travaillèrent à l'église? Est-ce que les architectes de Bâle sont davantage accompagnés de leur titre de Maître, de leur qualité de *lathomi*? En tous cas, le portail était, sinon terminé, du moins commencé en 1143, puisque les inscriptions de Froabdus, de Causitus, d'Hubilotus, de Gilius y furent placées en 1142.

HIC JACET FROA	HIC JACET HVBI
BDVS QVI OBIIT	LOTVS QVI OB V
XVII KL SEPT·	IDVS OCTOB·
HIC SEPVLTVS	HIC SEPVLTVS
EST CAVSITVS	EST GILIVS
AN̄N DNI M : C. XIꟾ.ꟾII	ANN· DNI MCXL II
ORATE PRO EO	ORATE PRO EO

Nous savons enfin qu'en 1261 Martin de Lonay, maître d'œuvre, traitait avec l'Abbé pour l'achèvement du chœur.

37) Sens (1142-1193). — La cathédrale de Sens fut commencée par l'évêque Henri Aper (Sanglier) un peu avant sa mort (1142), et continuée par Hugues de Toucy (1142 + 1168). En 1184, elle fut incendiée et restaurée alors par l'évêque Guy de Noyers (1176 + 1193). Existe-t-il une parenté entre lui et le maître d'œuvre Geoffroy de Noyers, que Hugues d'Avallon, élu évêque de Lincoln, avait appelé en 1190 pour reconstruire une partie de sa Cathédrale? Il serait intéressant de mettre la chose au point. Les dates et les noms sont en tout cas curieux à rapprocher.

Nous savons que le maître d'œuvre de la Cathédrale fut Guillaume de Sens, mais nous ignorons à quelle date exactement. Il a bâti une partie de la cathédrale de Cantorbéry; de ce fait, il est également appelé Guillaume de Cantorbéry. Mais a-t-il travaillé d'abord en France, ou d'abord en Angleterre? On n'est nullement fixé. Cependant des recoupements permettent des précisions; nous avons en effet des dates indiscutables.

a) Construction de la cathédrale de Sens, 1142-1168.

b) Incendie de la cathédrale de Cantorbéry, 1173.

c) Chute de Guillaume d'un échaffaudage, à Cantorbéry, à la suite de laquelle il demeure estropié, 1192.

d) Incendie de la cathédrale de Sens, 1186.

e) Il écrit la biographie de Thomas Becket (*Patr. lat.* CXC), assassiné en 1170.

Par conséquent, d'abord, c'est postérieurement à cette date qu'il œuvre en Angleterre : ensuite, comme il est le *septième* biographe de Thomas Becket, il n'écrit pas immédiatement après l'assassinat, mais assez tardivement. Et nécessairement nous voilà reportés après l'incendie de la cathédrale de 1173; et comme en 1190 il est encore à Cantorbéry, nous venons de le constater, il n'est pas à Sens pour la reconstruction de la Cathédrale, rebâtie après l'incendie de 1186. C'est donc à la Cathédrale de Sens de 1142 à 1168, qu'il a travaillé. Sens est ainsi antérieure à Cantorbéry, où, en 1184, Guillaume l'Anglais, son élève, dirigeait l'œuvre de la *Corona*.

Ne disons pas que Guillaume n'a pas laissé de traces. Souvenons-nous qu'à Sens il y avait, comme à Reims, à Amiens, à Chartres, un labyrinthe qui fut détruit en 1768, sans qu'il en demeure autre chose que le souvenir. Peut-être là aussi se trouvait la signature de l'architecte, que probablement nous ne connaitrons alors jamais autrement que par les *Chroniques senonaises*, qui, jusqu'au xiv⁰ siècle, ne font mention que du moine Odoranus du xi⁰ siècle, peintre, musicien, sculpteur, orfèvre, architecte, mécanicien et littérateur (*Patr. lat.*, CLXII, 765) et de ce Guillaume de Sens. Car les comptes ont également ment disparu.

Mais en dépouillant ceux qui nous restent de 1319 à 1398, M. Quantin a découvert vingt-trois des principaux artistes employés aux travaux de la Cathédrale. Il les a publiés dès 1842 ; jusqu'au xvi⁰ siècle, il en a relevé quatre-vingt-quatorze.

Il est du plus haut intérêt de lire là qu'à la date de 1308 Nicolas de Chaumes, maître de l'œuvre, est payé pour avoir dirigé six ouvriers : Pierre de Roissiaco, Jean de Furno, Girard de Roissiaco, Alexandre, Étienne de Loueciennes, Prevosteau. Il achète à cette date pour Sens des colonnes de pierre à Colin Cheile, de Paris, fort probablement un parent de Jean et de Pierre de Chelles. Nous avons fait plus haut connaissance avec lui en 1316, à Chartres, où, maître de l'œuvre du Roi à Paris, il est chargé avec Pierre de Chelles et Jacques de Longjumeau d'une expertise des travaux de la Cathédrale.

En 1326, nous l'avons rencontré maître de l'œuvre de la cathédrale de Meaux; il n'est donc pas surprenant que tous ces monuments soient si proches parents. D'autant plus qu'en 1342 Jean de Val Renfroy est maître de l'œuvre de la Cathédrale, alors qu'en 1253 nous avons déjà trouvé un Gauthier de Val Renfroy qui dirigeait les travaux de Meaux. Nous avons parlé là de cette dynastie des Val Renfroy et de son influence sur les cathédrales de l'Ile de France, en même temps que de son association avec les maîtres d'œuvres des grandes basiliques, les Chelles et Nicolas de Chaumes.

De 1319 à 1342, les comptes ont disparu. En 1343, nous trouvons sous la direction de Jean de Val Renfroy, maitre Pierre, peintre, et Jean d'Amiens, sculpteur; en 1360, maitre Nicolas et un de ses ouvriers, Michel; en 1370, Jean des Stalles sculpte les stalles; en 1367, Etienne Vallée, auquel succède Etienne Jacquin. En 1396, le Chapitre appellera de Troyes où ils travaillent maitre Jehan Colombes, Jehan Lefoul et Henriet Girard.

Ainsi, lorsque les registres ont échappé à la destruction, aussitôt on peut reconstituer la filiation des maîtres d'œuvres, dont l'anonymat, eomme on le voit, est loin d'être volontaire.

38) Strasbourg (1210). — Devant le portail méridional de la Cathédrale, au tympan duquel se trouve le précieux bas-relief de la *Mort de la Vierge*, accosté de la *Synagogue* et de l'*Eglise nouvelle*, le xixe siècle a érigé, à droite la statue d'Erwin de Steinbach, un des premier architectes connus de la basilique, à gauche celle de Sabine, la fille légendaire de l'artiste, que la tradition regarde comme l'auteur de ces vivantes sculptures[1].

On ignore les noms des architectes qui dirigèrent les travaux au xiie siècle, quand l'église fut ravagée quatre fois par le feu en 1136, 1140, 1150, 1196.

Entre 1210 et 1240, ce furent des *étrangers* qui la restaurèrent dans la *Waelschmanier*. Sous ce terme, il est facile de découvrir les Français, ce qui d'ailleurs est confirmé par les registres de la Fabrique, qui nous apprennent qu'en 1247 les Rudolf, père et fils, « élèves des Français», furent chargés de continuer les travaux.

En 1275 la nef était terminée, et en 1277 l'évêque Conrad de Lichtenberg, le 25 mars, présidait à la pose de la première pierre du portail occidental ; c'était maître Erwin qui dirigeait

_____

1. Mély (F. de), *Nos cathédrales reconquises*, dans la *Renaissance* (août 1919), 9 grav,

alors les travaux. Pendant des siècles, il fut appelé Erwin de Steinbach; dans un instant nous rechercherons l'origine de ce nom.

En 1316, il signe le Jubé, détruit en 1682, mais dont plusieurs fort belles statues ont heureusement été sauvées; il meurt en 1318, le 17 janvier, laissant deux fils. L'un, Jean, qui construisit la charmante église de Thann, lui succèda dans la direction des travaux de la Cathédrale. Il mourut en 1339 et fut enterré auprès de son père et de sa mère Husa, dans la petite cour attenant à la chapelle de Saint-André. Leurs épitaphes se voient sur les murs extérieurs de la cathédrale, au bas d'un contre-fort de la chapelle de Saint-Jean où se peuvent lire également les épitaphes de deux autres architectes de la Cathédrale, Jean Hultz, mort en 1449, et Jacques de Landshut, mort en 1492.

Le second fils de maître Erwin, Conrad, bâtissait en même temps la belle église collégiale de Saint-Florent de Nieder-Haslach (Basse-Alsace), édifiée sur le tombeau de saint Florent, ancien évêque de Strasbourg. L'inscription qui entoure sa pierre tombale, où il est représenté armé de son marteau de tailleur de pierre, nous apprend qu'il était « fils de maître Erwin, architecte de la cathédrale de Strasbourg et qu'il mourut le jour des Nones de Décembre 1329 ».

Malgré des accidents de toute nature, tremblements de terre de 1279, de 1289, de 1291, incendie terrible en 1298, rixe qui fit fermer l'église en 1302, Erwin mena son œuvre à bien. Jean, son fils, lui succéda : Jean Gerlach, petit-fils d'Erwin, travailla ensuite aux tours jusqu'en 1377 ; l'architecte Conrad (1377-1371) le remplaça. Puis vint Ulric d'Ensingen, qui était avant architecte de la cathédrale d'Ulm ; son monogramme se trouve à la voûte. Il fut attaché pendant quelque temps, en 1391, au Dôme de Milan, où il se rencontra avec Nicolas Bonaventure, maître d'œuvre parisien, appelé de France en 1389, et aussi très probablement avec Jean Mignot et son compagnon normand, Jean Campamosus et non Campaniosus,

comme on l'imprime à tort, puisqu'il s'appelait Jehan de
Champmousse, petite localité normande près de Gisors, amenés
de Paris par Archerius. En même temps, Hardouin, architecte français, dirigeait l'œuvre de San Petronio de Bologne,
et Jehan de Reims construisait le Mont Cassin. Ce qui n'em-
pêche d'ailleurs que toute notre admiration va vers les Ita-
liens, qui eux, cependant, reconnaissaient ainsi la supério-
rité française. Mais ne faut-il pas que nous nous dépréciions
nous-mêmes toujours ?

39) Pendant son absence, Jean et Wenceslas, junkers de
Prague, travaillaient au Dôme. On peut leur attribuer le plan
de la tour du côté du Nord.

A Ulrich d'Ensingen qui disparaît en 1419 succède Jean Hultz
de Cologne; et le jour de la Saint-Jean 1439, la dernière pierre
du clocher, au-dessus de laquelle fut élevée la statue de la Vierge,
était posée sous sa direction

A sa mort, en 1449, le fils d'Ulrich d'Ensingen, Mathieu, le
remplaça : Jodoque Dotzinger, de Worms vint ensuite, de 1452
à 1472. Jean Hammer construisit la grande chaire en 1486.
Enfin, avec Jacques de Landshut mort en 1492, nous arrivons
au seuil du xvie siècle; nous ne voulons pas aller plus loin.

Cependant il me paraît bien difficile de quitter la Cathédrale
sans signaler les si intéressantes sculptures que Nicolas de
Haguenau, élève de Nicolas de Lerch, termina pour un autel en
1501. Il n'en reste que quatre bustes, bien amusants : « un juif,
sa victime, un juge assoupi, un avocat sceptique », nous dit
M. Girodie. Mais vraiment l'avocat me paraît beaucoup plus
simplement un homme d'arme, le gendarme, qui pourrait
trouver son digne pendant dans l'extraordinaire tête de
l'Homme de guerre du Musée de Toulouse.

Mais revenons à maître Erwin, à sa fille et au nom de
Steinbach, admis autrefois, mais que le scepticisme romantique
de la critique artistique moderne ne pouvait accepter. Signalé
dans les *Mémoires* de Goethe (1771) il devenait nécessairement,
après 1830, plus que problématique.

Il faut dire qu'on s'était fondé sur une inscription de la statue de saint Jean, qui faisait partie de la décoration du portail du midi aujourd'hui détruit :

« GRATIA DIVINAE PIETATIS ADESTO SABINAE.
« DE PETRA DURA PER QUAM SUM FACTA FIGURA ».

« Que la grâce divine protège Sabine De Petra Dura qui a fait cette statue ».

« De Petra Dura » devait, disait-on, se traduire par Steinbach. J'avoue que je traduirais plus volontiers Steinhart. Mais, en réalité, qui nous dit que « De Petra Dura » ne se rapporte pas à la matière de la statue, « faite de pierre dure », puisque la copie qui nous reste de l'inscription porte un point après Sabine?

De telle sorte que la critique, ici tout-à-fait romantique, peut parfaitement n'être pas dans son tort.

Mais il est autre chose dont je ne trouve trace que, précisément, dans l'œuvre du plus terrible adversaire des signatures de Primitifs, un critique réputé qui n'a pas craint d'imprimer ceci : « Au xiie et xiiie siècles, quand les laïcs se mettent à travailler, les chroniqueurs d'abbaye organisent la conspiration du silence contre ceux en dehors de la Congrégation ». (Déjà!). C'est Viollet le Duc; et voilà ce que nous y lisons : « En 1277 le célèbre architecte Erwin de Steinbach « commençait la construction du portail de la cathédrale de « Strasbourg : au-dessus de la grande porte, on lisait encore il y a deux siècles :

« ANNO DOMINI MCCLXXVII IN DIE BEATI URBANI, HOC GLORIO-
« SUM OPUS INCHOAVIT MAGISTER ERWINUS DE STEINBACH ».

« En l'année du Seigneur 1277, le jour de la fête de saint Urbain, Erwin de Steinbach a commencé ce glorieux travail ».

On ne saurait récuser cette inscription, d'ailleurs parfaitement identique à celles d'Auxerre, de Bourges, de Notre-Dame de Paris, qui porte la date de la Saint-Urbain, au lieu du 25 mai, comme on l'aurait mis en épigraphie plus moderne. Il semble donc, jusqu'à preuve contraire, que la tradition ancienne, actuellement prétendue légendaire, du nom de Steinbach, doive avoir raison du scepticisme des historiens modernes.

Mais, d'un autre côté, il n'en découle aucune raison de voir dans cette Sabine qui travaillait ainsi avec Erwin, sa fille. Seul demeure certain un prénom, qui montre que, comme bien d'autres femmes, depuis la Guda du XIIe siècle jusqu'à Livina Benych, mariée noblement par Henri VIII, Sabine fut une grande artiste, dont nous devons précieusement garder le souvenir.

Et je demanderai alors qu'on veuille bien me permettre une hypothèse.

40) Si l'on a cru voir dans la statue de saint Jean, qui portait le phylactère de Sabine, le portrait du fils aîné de Erwin, Jean, frère de Sabine, je penserais trouver, dans la jeune femme agenouillée au pied du lit où expire la Vierge, si proche parente de la *Nativité* de Nicolo Pisano que je ne puis m'empêcher de la rapprocher, le portrait de Sabine.

Cette figure féminine, aux côtés du *Trépassement de la Vierge*, est si inattendue, si inconnue dans ce thème, qu'elle n'est pas placée là sans motif.

Et dans le vieillard chauve qui soutient les pieds de la Vierge, dans ces apôtres aux figures si personnelles, si vivantes qu'ils semblent prêts, après six siècles, à descendre du tympan dans lequel les a fixés le ciseau de l'artiste, je croirais découvrir peut-être les figures d'Erwin et de ses fils.

Simple supposition, je le répète, mais qui peut être vraisemblable pour ceux qui pendant de longues années ont fréquenté les artistes du moyen âge, qui en si grand nombre en France, en Allemagne, en Espagne, en Italie nous ont laissé tant de leurs portraits, signés de leurs noms, dans les monuments qu'ils avaient élevés.

A Strasbourg encore, dans l'église de *Saint-Pierre le Jeune*, nous avons la tombe de Conrad d'Obernhofen, tailleur de pierre mort en 1328, et celle de Guillaume de Marbourg, mort en 1368, que nous avons trouvé dans l'œuvre de Saint-Martin de Colmar.

41) En 1311, Burcard Kettener, contemporain d'Erwin de Steinbach, travaille à *Saint-Thomas* : des sept architectes que M. Schneegans découvrit en 1862, de 1311 à 1540, il n'y en a qu'un seul qui ne fût pas chanoine ou prébendé de cette collégiale; ce qui nous rappelle les prébendes des chanoines-artistes d'Auxerre.

L'église est terminée en 1330 par Jean Erlin.

Enfin, à *Saint-Guillaume*, on peut admirer une fort belle tombe sculptée avec deux gisants superposés, dont on voit le moulage au Trocadéro. C'est le Mausolée d'Ulrich et de Philippe de Werd, landgraves d'Alsace en 1343. Sur le plat de la pierre, autour des deux lions sur lesquels reposent les pieds d'Ulrich, est gravé en vieil allemand cette inscription :

« Meister Wolwelin von Rufach ein Burger zu Strasburg der het dis Werk gemacht. »

« C'est maître Wolvelin de Roufach, un bourgeois de Strasbourg, qui a fait cet ouvrage. »

Il est probable que sculpteur de mausolées, il ne fut pas sans travailler aux statues extérieures des églises qu'il meublait ainsi.

42) TOURS (XIIIe) siècle. — A la fin du IVe siècle, saint Martin, troisième évêque de Tours, consacra la Cathédrale sous le vocable de Saint-Maurice et de ses compagnons.

Bien des fois détruite et rebâtie, elle fut encore la proie des flammes en 1168. L'évêque Joscion († 1174) ne put guère que préparer les plans de la cathédrale qui devait la remplacer.

En 1232, l'évêque Juhel demandait à l'archevêque de Rouen l'autorisation de faire une quête pour la réédification de l'église métroplitaine de Tours, ruinée de fond en comble. Grâce aux libéralités de saint Louis, le chœur, le déambulatoire, les quinze chapelles du rondpoint étaient terminées avant 1267. En 1322, la cathédrale prit le nom de Saint-Gratien.

Peu nombreux sont les noms connus de ceux qui dirigèrent

les travaux. Cependant, dans un contrat avec le Chapitre, en 1279, nous lisons le nom d'Etienne de la Montagne, qualifié de maitre de l'œuvre de l'église de Tours, avec Lucas le Bicheron, charpentier ; en 1293, nous avons Simon du Mans, maitre-maçon et Richard le Vitrier ; dans un *Obituaire* antérieur à 1312, on rencontre Guillaume de La Guierche, maitre-charpentier de l'église de Tours ; enfin en 1305, André Frèredoux est sculpteur et maître-maçon de la Cathédrale.

Il semble que le diocèse du Mans ait fourni à Tours bien des architectes : les noms que nous venons de citer sont ceux de localités du Maine ; enfin, en 1429, Jean de Dammartin quittera Le Mans pour devenir maitre d'œuvre de la cathédrale de Tours.

Quant à l'église de *Saint-Julien* du XIIIe siècle, trois inscriptions sculptées à la voûte, malheureusement bien détériorées, nous montrent que là nous aurions pu trouver le nom de ses architectes.

R. DE ☰ REDON ☰ R
OR ☰ ME ☰ FEC.

IOH ☰   FECIT

M = DE.   ' OR
ME = FEC.

On peut les rapprocher de l'inscription DURANDUS ME FECIT de la voûte de la cathédrale de Rouen, également du XIIIe siècle.

43) TROYES (1208). — En 1849, Quicherat a publié dans les *Mémoires des Antiquaires de France* le résumé de sept cahiers de parchemin qui, ayant échappé au pillage des églises et aux vols commis dans les Archives de l'Aube, étaient venus s'échouer à la Bibliothèque nationale (ms. fr. 2560. suppl.) Ce sont les comptes de l'œuvre de la cathédrale de Troyes pour les années 1372-1382 ; mais il ne faut pas manquer de dire que c'était Vallet de Viriville qui les avait découverts en 1843 et communiqués au Comité d'archéologie, ce dont personne n'a jamais parlé.

En 1853, le comte de Laborde a publié dans ses *Ducs de Bourgogne* (t. III) une autre série de comptes découverts par lui en Angleterre, dont je ne vois pas qu'il ait été davantage question. Ils vont de 1298 à 1409 et nous donnent vingt-huit noms de maitres d'œuvre et de maçons qui ont travaillé à la cathédrale de Saint-Etienne.

Aucun document ne montre mieux que, si nous avions tous nos registres capitulaires, nous connaîtrions les noms de tous les architectes prétendus anonymes de nos grandes basiliques.

En 1188, la vieille cathédrale de Saint-Etienne avait été détruite par un incendie. Le chœur, rétabli en 1208, fut renversé en 1227 par un terrible ouragan. Réédifié de nouveau, la veille de l'Assomption de 1365 un vent impétueux jeta bas le clocher et toute une portion de l'édifice, qui, repris, ne fut terminé que sous François I par Martin Cambiche, appelé de Beauvais où il travaillait à la Cathédrale, pour terminer le portail.

Les comptes de 1298 à 1305 ont rapport simplement à l'administration des biens. En 1346, nous trouvons Magister Jacobus, *lathomus*, et Petrus de Sancto Sepulcro, *latomus*; en 1362 un procès verbal de visite par Pierre Faisant, maître-maçon; en 1368, Jean de Fontaine est le maître-maçon, auquel succède Thomas, maître d'œuvre, qui meurt en 1366; il est remplacé par Jean Thierry. En 1367, nous avons avec lui Michelin de Jonchery et Michel Hardiot, qui travaillent au grand arc du côté du palais épiscopal, probablement effondré par la chute du clocher en 1365, avec Guillaume Malprouvé, que nous verrons en 1379, à la rose méridionale, aidé de son gendre Jacquot.

En 1371, ce sont les maîtres-maçons Jehan de Tornoie et J. Benoist qui œuvrent. En 1372, Denisot et Drouin de Mantes sont ymagiers, Jean Fierabras et Jehan Coulombe, que nous avons vu à Sens, charpentiers.

44) En 1379, Drouet de Dammartin, maître des œuvres de Paris, mort en 1413, fils de Gui de Dammartin, sculpteur de Charles V (1368-1398) et père de Jean de Dammartin, maitre des œuvres du duc Jehan de Berry, successivement maître des

œuvres des cathédrales du Mans et de Tours, vient vérifier les travaux.

Nous le retrouverons comme maître d'œuvre de l'église de la Chartreuse de Champmol de Dijon, que le duc de Bourgogne lui fit commencer le 4 juillet 1384. Et il y a ici une assez curieuse coïncidence : c'est que ce fut justement l'évêque de Troyes qui, le jour de la Trinité (24 mars) 1388, présida à la dédicace de l'église de Champmol.

En 1380, M⁰ Pierre d'Arbois, Jacques et Jean Le Jay, André Viandé, travaillent à la chapelle de Saint-Fiacre. En 1381, Jehan Lamion enlumine les livres de chœur et Jehan de Premierfait, parent de Laurent de Premierfait, secrétaire du duc Jehan de Berry, traducteur du Boccace, dont nous avons le portrait dans le *Décameron* de la Bibliothèque nationale (ms. fr. 129), est l'orfèvre du Chapitre.

En 1382, les chanoines décident de construire un jubé. Michelin de Jonchery et Jean Thierry présentent un plan ; mais Henri de Bruisselles (de Bruxelles), qui s'est adjoint Henry Soudan, maître d'œuvre de Paris, ayant produit de son côté un patron, est chargé des travaux par un marché où nous apprendrons que cet Henry Soudan est le gendre du célèbre Jehan de Huy. Peut-être était-il parent de Philippon Soudran qui, en 1383, travaillait aux œuvres de maçonnerie du château de Poitiers pour le duc Jean de Berry.

Drouin de Mantes qui, en 1372, réparait les images du portail, est chargé des sculptures que peint Denisot. A cette date nous lisons encore les noms de Gautier le peintre et de Jehan de Dijon.

En 1384, des étrangers viennent collaborer à l'œuvre avec les sculpteurs attitrés dont nous venons de voir les noms. Avec Drouin de Mantes, qui sculpte une statue de saint Pierre, et Mignard, probablement un ancêtre de notre grand peintre, travaillent Jean de Cologne, Coinrot de Strasbourg et Girard de Han qui exécute une statue de saint Paul.

45) Quant à Jehan de Provins, il travaille aux boiseries du

chœur, et Jehan Nettelecte, l'orfèvre, fond et cisèle les vases religieux. En 1385, l'évêque Pierre d'Arcis pose la première pierre du Jubé, et Thomas Le Chat, le forgeron, fournit les ferrures qui scellent les pierres.

Les registres de Sens, que nous avons parcourus il y a un instant, nous ont appris que le Chapitre avait fait venir, en 1396, Jehan Colombe, Jehan Le Foul et Henriet Girard, qui à cette date travaillent à Troyes.

En 1401, maître Aubelet, maître Jehan Prevost, neveu de maître Remond [du Temple] maître des œuvres du Roi à Paris, visitent la Cathédrale, accompagnés de Thomas Michelin, de Colin Guignon, de Jehan Gillot, maçons de Troyes, de Jean de Nantes et de Rémond, charpentiers, auxquels ils donnent les instructions pour refaire les piliers. Colinet Colerne, maçon, les aidera et Thomas Michelin fait en 1402 « les dits piliers à façon ». A ce moment Jean de Dijon, maître maçon de Reims, vient surveiller les travaux et ordonner « plusieurs choses à faire » à Jehan Doce, maçon ; Nicolas Matan et Rémond sont maîtres charpentiers.

Les comptes des années suivantes ont disparu. Nous savons seulement qu'en 1485 Jacques Le Vachér était le maître d'œuvre de la Cathédrale.

II

46) A ces cathédrales d'importance si grande pour notre histoire artistique française, dont nous venons de réunir ainsi les architectes qu'on affirmait hier humbles, méprisés, inconnus, il ne faut pas manquer de joindre nombre d'églises, moins considérables certes, secondaires en quelque sorte, mais dont néanmoins les auteurs ne sont pas davantage dissimulés derrière le voile d'un prétendu anonymat, imposé par des règlements, toujours invoqués, mais que personne à vrai dire n'a cependant jamais découverts. Leurs noms sont le plus souvent inscrits à la place la plus en vue de l'édifice, afin que nul ne les puisse ignorer ; d'autres sont, comme pour les cathédrales,

extraits des *Chroniques* et des *Comptes*. Et combien de nouveaux artistes on doit pouvoir dans l'avenir leur adjoindre, puisqu'une seule bonne volonté est ainsi parvenue à en grouper plus de cent vingt dans cette seconde partie!

ALBI (1282). — D'après M. C. Enlart, la cathédrale de Sainte-Cécile fut commencée en 1282 par maître Bernard de Castanet. M. Couderc, au contraire, nous dit qu'elle fut commencée sous l'évêque Bernard III de Castanet. Comment oserais-je trancher le différend entre deux maîtres aussi compétents? Cependant ce que j'ai dit des évêques-architectes permettrait peut-être de concilier les deux opinions, contradictoires au premier abord.

En 1360, les frères Engelbert sont maîtres de l'œuvre de la Cathédrale.

47) ALENÇON. — Vers 1370, Jean Austabourg,[que nous avons vu maître de l'œuvre de N.-D. de Chartres en 1370, sous le nom déformé de Jean Cabourd, dirige les travaux de N.-D. d'Alençon.

48) ANGERS (XIIe) s,). — Pour la cathédrale de Saint-Maurice, commencée en 1140, dont on ne croit connaître comme architecte que Guillaume Robin (1451 ✝ 1463), M. de Farcy, au contraire, m'a fourni bien des renseignements.

De l'origine, il me signale Adam, un nom que vers 1125 nous allons trouver à la cathédrale de Poitiers, à la clé de voûte. Est-ce le même? Il faut ensuite laisser passer deux siècles et demi pour arriver, en 1389, à Blanchard, charpentier, puis en 1413 à Dubois, maçon, en 1418, à Coret Pierre, cimentier; à Bédier, maçon en 1437, à Bouju, maître-maçon; en 1451, nous trouverons alors les frères Robin, André et Guillaume, maîtres d'œuvre, auxquels succédera en 1453 Desnoyers, maçon; ensuite une foule d'artistes, sculpteurs, peintres, verriers se rencontrent également dans les comptes de 1389 à 1481 qui sont parvenus jusqu'à nous.

49) ARLES-SUR-TECH. — M. Tastu a relevé dans l'église cette inscription :

AMELIVS MAVRELLVS MONACHVS ELDESINDVS
PRESBITER QVI HOC FECERVNT·

Bonnefoy, dans son *Épigraphie roussillonnaise*, au lieu
d'ELDESINDVS lit CLODESINDVS.

50) ARRAS (1391). — Les *Comptes* publiés par Mgr Dehaisnes
nous apprennent qu'à la date de 1391 le maître d'œuvre de la
Cathédrale était Gilles Largent, en même temps maître de
l'œuvre de Saint-Quentin ; il avait comme collaborateur maître
Martin de Saint-Omer. Avant d'être attaché à la cathédrale
d'Arras, il avait été maître des œuvres du duc Jehan de Berry
et avait notamment construit le château d'Hesdin.

Il était assurément parent de Pierre Largent, que nous avons
vu plus haut maître d'œuvre d'Amiens en 1370.

51) AUTRY-ISSARD (Allier) (xII^e). — C'est une église peu
éloignée de Souvigny. Sur le tympan de la grande porte, on
voit une signature qui est vraiment l'un des types les plus
étonnants de l'orgueil des artistes du moyen âge. Ne croirait-
on pas, à la lire, entendre certain diplomate de nos jours,
n'hésitant devant aucune tâche ?

Alors que le peintre Johannes Gallicus, de Brunswick, se
contentait d'aspirer à s'asseoir au milieu des dieux, Natalis,
l'architecte de cette église inscrit :

CVNCTA DEVS FECIT· HOMO FACTVS CVNCTA REFECIT ☨
NATALIS ME FECIT·

« Dieu a tout fait. L'homme fait a tout refait. + Natalis m'a
fait.

NATALIS ME FECIT ne donnerait-il pas en chronogramme
la date de MCLII ?

52) AVIGNON (1334). — Les architectes du Palais des Papes
sont maintenant bien connus. C'étaient des Français.

Le premier s'appelait Guillaume de Cucuron : il travaillait
en 1334. Pierre Poisson, qui lui succède, fut architecte de
Benoît XII et mourut en 1341 ; Pierre Obrerii, probablement
de la famille des Oubreries du Limousin, vient ensuite ; il était

mort en 1362. C'est sous sa direction que Mathieu, fils de Jeannet, exécuta les peintures du Palais en 1346, pendant que Jean Lavenier, imagier parisien, élevait en 1342 le tombeau de Benoit XII.

Sous Innocent VI, nous rencontrons comme maîtres d'œuvre, en 1352 Jean de Luperia (de Loubière), en 1353 Pierre de Ternovo, en 1354 Raymond Guitband et Roustan Berc, le charpentier, en 1358 Bertrand Capellerius, Pierre Geoffroy, Pierre Forcade, en 1361 Bertrand Nogayrol qui travaille jusqu'en 1376, en 1390 Jacquemin de Compiègne; enfin nombre de peintres, de sculpteurs, de verriers dont Eug. Müntz a publié les noms dans la *Revue de l'Art Chrétien* en 1892.

53) BEAUVAIS (1338). — Nous savons peu de choses de l'œuvre de la Cathédrale, sinon que les voûtes de l'église étant tombées deux fois en 1272 et en 1284, l'évêque Jean de Marigny, chargea, en 1338, Enguerrand Le Riche de réparer la Cathédrale.

54) BERNAY (XII⁰ s.). — Sur un chapiteau de la remise des pompes, qui était autrefois l'église de l'abbaye bénédictine, j'ai relevé le nom d'IZEMBARDV⸴ ; œuvre très curieuse, car c'est la copie d'un ivoire oriental, dans le style du célèbre chapiteau de la Chapelle des fonts de la cathédrale de Chartres.

55) BRIOUDE (XII⁰). — Un chapiteau, qui a son similaire à Notre-Dame du Port de Clermont-Ferrand, de la même époque, représente un usurier que le diable entraîne dans l'Enfer. Tous les deux portent la même inscription, faussement lue d'ailleurs par tous ceux qui s'en sont occupés :

MILE ARTIFEX SCRIPSIT TV PERIISTI VSVRA

alors qu'il y a un hexamètre :

MILE ARTIFEX SCRIPSIT TV PERIS VSVRA.

D'autres chapiteaux, dans la même région, avec le même sujet, se retrouvent à Ennezat, à Saint-Nectaire ; mais les inscriptions sont différentes.

On a expliqué que **MILE ARTIFEX** était le Diable aux « mille artifices ».

Pendant fort longtemps, bien que cette traduction soit vraiment bizarre, je n'ai pas pu proposer mieux. Cependant **MILE** n'est pas **MILLE**, et **ARTIFEX**, architecte aux **MILLE** (?), c'est étrange. Mais quand j'ai vu s'allonger la liste des chronogrammes indiscutables, fournis par des inscriptions absolument *invraisemblables*, composées de mots extraordinaires, j'en suis arrivé à me demander si nous n'aurions pas ici une date, car je trouve :

$$\text{MCLXVVVIIIII} = 1180$$

qui correspond assez exactement à la construction des deux églises. Et alors **MILE** pourrait fort bien être l'*artifex* de ces deux monuments qui, à la fin du xii⁰ siècle, *scripsit* ainsi son nom assez répandu au moyen-âge.

56) Caen. — *Saint-Étienne* (1056-1077). — L'abbé Lanfranc fut un grand bâtisseur d'abbayes et d'églises. Il venait de terminer l'abbaye du Bec-Hellouin où il était moine, quand, en 1056, il fut nommé abbé de Saint-Étienne de Caen, dont il entreprit de construire l'église. Il eut comme aide et comme successeur Guillelmus, *petrarum summus in arte*, qui travaillait avec lui en 1066. Ses talents et sa réputation le firent élire, en 1070, archevêque de Cantorbéry, pour y réédifier la cathédrale qui avait été détruite par un incendie en 1067. Lanfranc est donc un de ces grands architectes ecclésiastiques normands qui, comme Roger de Salisbury, curé de Vaucelles près Caen, comme Ernulph, comme Gundulf, furent appelés en Angleterre aux plus hautes dignités, pour transformer l'architecture anglaise.

57) Carenac (Lot) (xii⁰ s.). — Le portail de l'église porte sur un jambage :

GIRBERTVS CEMENTARIVS FECIT
ISTVM PORTANVM · BENEDICTA
SIT ANIMA EJVS.

58) Cervières (Hautes-Alpes) (xvᵉ s.). — Deux églises du xvᵉ s. dans les Hautes-Alpes, Cervières et Névache, portent sur leurs murailles le même rébus : une portée de musique, ré, mi, fa, suivie de TIN ; c'est le nom de l'architecte qui s'appelait Remi Fatin, et qui signait en cryptogramme comme l'imprimeur artésien La Gache.

59) Chaâlis (xiiᵉ s.). — Nous trouvons comme maître d'œuvre de l'église de la célèbre abbaye, voisine de Senlis, en 1140, Pierre Beauvais et Thibaud, *cisores lapidum*, en 1143 Gaufridus et Robertus, *cimentarii*, en 1185 Josselinus, *cimentarius*, enfin en 1234 Arnoldus, *cimentarius*.

60) Chamborand (Creuse) (xiiᵉ s.). — On lit dans l'église cette inscription :

   † XVII KL IVLII DE ▮ COMPSIT ACVARNVS HÆC
   IN HONORE SACRÆ CELE▮ AC DECVS O
   METVENDE DS.

61) Chartres (xiiᵉ s.). — L'architecte de l'abbaye de *Saint-Père* fut un moine du nom d'Hilduard.

62) Chatillon-sur-Indre (xiiᵉ s.). — A quinze mètres de terre sur un chapiteau, on peut lire :

   PETRVS JANITOR CAPITELLVM FECIT
   ISTVD PRIMVN (*sic*)

63) Chauvigny (Vienne) (xiiᵉ s.). — Sur la bande supérieure d'un chapiteau qui représente l'*Adoration des Mages*, est gravé :

   GOFRIDVS ME FECIT

64) Chaudardes (Aisne) (xivᵉ s.). — A la voûte est écrit :

   WIBELES LIBAVVES
   A SSC LACLE

C'est-à-dire : Wibeles le Bauvé a scellé la clé.

65) Chinon (xiiiᵉ). — D'après Duffus Hardy, l'architecte de l'église de Saint-Mesme en 1200 était Magister Urricus. L'architecte de Saint-Étienne, au xvᵉ siècle, s'appelait Robert Mesnager.

66) CLUNY (XIᵉ s.). — *Les Annales de l'Ordre de Saint-Benoît*
ont conservé le nom de l'architecte de la célèbre abbaye. C'était
un moine qui se nommait Hézelon; il avait d'abord été chanoine de Liège; il dirigeait l'œuvre du monastère en 1089.

67) CONQUES (XIIᵉ). — On connaissait l'abbé Bégon, qui a signé
un des plus beaux reliquaires de Conques, l'A de Charlemagne,
comme un des plus habiles orfèvres de son temps, aussi grand
artiste que saint Bernard d'Hildesheim; mais on ne s'est jamais
attaché à une inscription en vers du cloître, ainsi conçue :

> VIR D̄N̄O GRATVS
> DE NOMINE BEGO VOCATVS
> HOC PERAGENS CLAVSTRVM
> QVOD VERSVS TENDIT
> AD AVSTRVM
> SOLERTI CVRA GESS
> IT ET ALIA PLVRA·

Il était architecte en même temps qu'orfèvre, ce qui est tout
naturel, maintenant que nous avons fait connaissance avec
tant d'autres évêques et abbés, artistes, architectes, orfèvres
et sculpteurs.

C'est donc à lui que nous devons restituer le plan et l'exécution du cloître de Conques.

68) DIJON (XIIᵉ). — C'est le moine Hunald, sculpteur habile,
qui en 1101, le 16 des kalendes de mars, commença la reconstruction de Saint-Bénigne de Dijon : sur un chapiteau de la
rotonde on peut lire le nom de Villengus levita, probablement
un des associés d'Hunald.

69) DIJON. — *Chartreuse* (XIVᵉ). — Quant à la Chartreuse de
Champmol, c'est Drouet de Dammartin qui, en 1385, donne les
plans de cette charmante église, achevée en 1399; il fut également maître des œuvres du duc Jean de Berry et des cathédrales

de Tours et du Mans. Il appartient à une dynastie d'artistes qui, pendant un siècle au moins, depuis Charles V jusqu'à Louis XI, eut une influence, dont on ne saurait trop tenir compte, sur l'art français.

Le 23 mai 1389, Jean de Marville, le sculpteur, y apportait la Vierge qui ornait la porte du château de Germoles ; le 6 août 1391, Claus Sluter y plaçait les statues de saint Jean et de sainte Catherine ; en 1393, celle de Marguerite de Flandre ; en 1396 enfin, celle de Philippe le Hardi

70) ELNE (Pyrénées Orientales) (xɪɪᵉ s.). — Une inscription qui se trouvait dans l'église, au-dessus d'une stalle de l'ancien chœur, a disparu vers 1835. Le texte nous en a heureusement été conservé.

ANNO DOMINI M. CC XCIIII III IDVS SEPTEMBRIS
BARTHOLOMEVS CVM DVOBVS FILIIS DE
PERPINIANO FECIT PARTEM ISTAM CHORI.

Nous devons nous demander si ce maître d'œuvre français Bartholomé qui travaillait en 1278 à la cathédrale de Tarragone, si proche de Perpignan, ne devrait pas être identifié avec ce Bartholomé d'Elne.

Dans l'église se trouve une admirable pierre tombale signée R. DE BIANIA ME FE. Cet artiste a exécuté également la pierre tombale, aujourd'hui à Eules (Pyrénées-Orientales) de F. de Soler + 1203 : celle-là est signée :

R. DE BIÃIÃ ME FE
E IMAƷE SERE

que le Colonel Puiggari croit pouvoir lire : *R. de Biania me fe, e image sere* : « et je serai une image » ; car, en vieux catalan, *ser image* signifie « être une belle chose ». L'inscription voudrait donc dire : « R. de Biania me fit, et je serai une belle chose »,

71) FLEURY-SUR-LOIRE (XIIe s.). — Sur un des chapiteaux du péristyle de l'église de l'Abbaye, Umbertus signe ainsi, vers 1160

VMBERTVS ME FECIT

72) LAON (XIIIe s.). — Il est intéressant de signaler une étude de Darcel, consacrée naguère à Notre-Dame de Laon. Il trouve une grande ressemblance entre la cathédrale de Bamberg et celle de Laon. Cette dernière fut commencée vers 1170 par Gautier de Mortagne, mais ne fut consacrée qu'entre 1236 et 1257 Un détail très particulier de la cathédrale de Laon sont les grands bœufs du clocher, dont on a cherché de bien des manières à expliquer la présence. Or, si l'on pénètre à Bamberg dans les cours voisines des tours, on remarque les mêmes figures architectoniques ; autrement elles ne sont pas visibles, à cause des constructions adossées à la Cathédrale.

« L'influence de Villard de Honnecourt, ajoute Darcel, est là manifeste. Il est hors de doute que le célèbre architecte picard, après avoir élevé la cathédrale de Laon, fut appelé en Hongrie : la cathédrale de Bamberg (en Bavière sur la route de la Hongrie) était alors en construction. Villard fit sans doute un dessin que les Allemands se chargèrent d'exécuter ».

C'est une simple opinion ; je crois cependant devoir la rappeler, à propos de la ressemblance que M. Ch. Coppier, qui ne semble pas connaître les bœufs de Bamberg, trouve entre Reims et Bamberg; son affirmation ne saurait donc, encore une fois, être acceptée sans contrôle.

73) LA VICTOIRE (près Senlis) (XIIIe s.). — C'est un religieux, nommé Ménard, mais dont le nom a été également écrit Menand et Menent, qui, le 26 octobre 1225, donna les plans de l'Abbaye et de son église.

74) LISIEUX (1139). — Le bon et beau livre de M. l'abbé Hardy sur la cathédrale de Saint-Pierre de Lisieux résume, dans un chapitre spécial, tout ce qu'on sait actuellement sur sa construction. Elle est due à l'évêque Arnoul qui occupa le siège de

1140 à 1182. Un passage de Robert de Torrigny, antérieur à 1186 par conséquent, dans sa *Chronique du Mont Saint-Michel*, ne laisse aucun doute à cet égard :

« Arnulfus, Luxoviensis episcopus, cum per annos XL
« eamdem ecclesiam rexisset. et in edificando ecclesiam et
« pulcherimas domos laborasset, renunciavit episcopatui, et
« perrexit Parisius. suos dies dimidiaturus apud Sanctum Vic-
« torem, in domibus pulcherrimis quas ibi, ad opus suum,
« construxerat. » Il avait succédé à Jean I, mort en mai 1140 inhumé dans sa cathédrale, dont nous avons probablement, dans la partie du nord du transept le mausolée, en quelque sorte l'ancêtre des sculptures de San Zaccaria de Venise

Arnoul occupa de son temps, comme le fait fort bien remarquer l'abbé Hardy, une place privilégiée, dans la politique, dans la littérature, dans les arts du XIIe siècle : mais, ajoute-t-il, la cathédrale de Saint-Pierre semble mettre une certaine coquetterie à cacher son âge.

Or, je ne vois pas qu'il soit question là d'une inscription en vers que Gally Knight, qui visitait la Cathédrale en 1831, dit être gravée dans l'église actuelle (*Bull. Mon.*, t. IV (1838), p. 71).

HOC TEMPLVM JVNCTÆQVE ÆDES SVNT PRÆSVLIS OLIM
ARNVLFI ANTIQVVM LEXOVIENSIS OPVS.

Il est vrai qu'il ajoute dans une note, que si l'inscription paraît attribuer d'une manière *irrésistible* la construction de la cathédrale à Arnoul, les auteurs de la *Gallia Chris iana* démontrent que cette inscription n'est pas l'inscription contemporaine d'Arnoul, mais qu'elle lui fut substituée plus tard Il ne rapporte pas la démonstration de la *Gallia*; il se contente de discuter « le style en pointe » de l'église.

Il semble cependant qu'il y aurait quelque intérêt à s'en préoccuper, car ces choses s'écrivaient au XVIIIe siècle et en 1831, à des époques où les documents étaient acceptés sans grande discussion et disparaissaient avec une facilité surprenante.

Or, si Gally Knight dit que ces *deux* vers sont gravés dans la cathédrale de Lisieux, la *Gallia* en cite *quatre*, mais qui étaient, dit-elle, dans l'église de Saint-Victor de Paris :

HOC TEMPLVM JVNCTÆQVE ÆDES SVNT PRÆSVLIS OLIM
        ARNVLFI ANTIQVVM LEXOVIENSIS OPVS
SI TER QVINGENTOS ANNOS, TRIGINTAQVE ET VNVM
        ANNVMERES CHRISTO CVM REPARARER HABES

Cette épitaphe en remplaçait, paraît-il, une ancienne ainsi conçue :

TV QVI DIVES CRAS ET MAGNVS EPISCOPVS, OB QVID
    SORTEM MVTASTI PAVPERIORE STATV?
IMO PAVPERIEM MVTAVI FŒNORE MAGNO
    MVNDO DIVES ERAM PLVS FVIT ESSE DEO

Elle nous apprend donc que ce quatrain fut placé sur un *nouveau* sacellum, édifié en 1531 à Paris, où l'évêque Arnoul avait été inhumé en 1184.

Les deux constatations paraissent au premier abord assez difficiles à concilier ; mais on ne peut nier que Gally Knight parle de Lisieux et la *Gallia* de Saint-Victor.

Alors, quand on veut mettre la chose au point, si l'on relit par deux fois l'inscription de Saint-Victor, on doit commencer par se demander ce que viennent faire là, en 1531, les deux premiers vers. Arnoul a-t-il construit l'église de Saint-Victor ? Nullement. Que veulent dire les *junctæque ædes* ? N'avons-nous pas le *Nécrologe de Saint-Victor*. publié par Longnon dans les *Obituaires de la province de Sens* (p. 580), où, à l'anniversaire d'Arnoul, il est seulement question de livres, d'ornements d'église, de rentes donnés par Arnoul, quand il fut devenu chanoine de Saint-Victor, après qu'il eut résigné ses fonctions épiscopales ?

Au contraire, ce sont simplement les mots du texte même de Robert de Torrigny, antérieur à 1186, relatant l'œuvre d'Ar. noul à Lisieux, mis en vers,

Dès lors, sa place n'était-elle pas naturellement à Lisieux, bien plutôt qu'à Saint-Victor ? Et il devient alors fort probable que les deux premiers vers furent copiés sur ceux de Lisieux, pour former l'en-tête du quatrain que les chanoines de Saint-Victor firent graver au seuil du *nouveau* sacellum.

L'inscription ancienne, primitive, pouvait donc parfaitement se trouver à Lisieux, et on ne voit aucune objection à ce que Gally Knight en ait encore pu constater la présence dans la Cathédrale en 1831.

Mais si l'inscription *primitive* était dans la Cathédrale — et les auteurs de la *Gallia*, en employant ce mot, admettent ainsi qu'il y avait une inscription plus *ancienne* — comment expliquer les mots *antiquum opus* que nous y rencontrons ?

La cathédrale détruite en 1136 était certainement commencée par Arnoul au début de son épiscopat, car, en 1143, il écrivait à Clément II qu'il ne pouvait quitter son diocèse parce qu'il était en train de réparer les ruines de son église ; il y travaillait encore en 1179 ; mais la Cathédrale, incendiée en 1226, fut reprise ; elle semble terminée en 1258, puisqu'Eudes Rigaud, archevêque de Rouen, préside, le jour de l'Epiphanie, une procession dans la basilique. Ce ne pourrait être qu'après cette date que l'inscription aurait été placée sur une pierre commémorative d'Arnoul, puisque son corps était à Paris. Et l'*opus antiquum*, qu'on peut parfaitement distinguer dans le plan teinté que M. l'abbé Hardy a joint à son travail, serait ainsi ce qui avait pu être conservé, dans la Cathédrale restaurée, de l'OPVS ARNVLFI.

Tout ainsi s'expliquerait facilement. Car quelle raison invoquer pour mettre en doute la bonne foi de Gally Knight, qui n'en avait aucune conclusion nouvelle à tirer et qui, au contraire, faisait, très honorablement, mention de l'objection de la *Gallia*, fort embarrassante pour lui, mais qu'il ne cherchait même pas à comprendre.

De ce que l'inscription n'existe plus aujourd'hui, s'en suit-il qu'elle n'existait pas en 1831 ? D'ailleurs, celle de Saint-Victor

n'a-t-elle pas également disparu? Combien au cours de mes
recherches en ai-je rencontré qu'on ne lit plus que dans des
recueils inattendus, souvent fort étrangers au pays, recueillies
la plupart du temps par des voyageurs intelligents qui ne
soupçonnaient pas le sauvetage qu'ils opéraient.   .

Mais notre inscription porte en elle-même une trace d'authenticité assez curieuse. Nos ancêtres connaissaient bien
des choses que nous ne savons plus, que le temps, que les
hommes surtout ont fait disparaître.

Cette inscription, si conforme au texte de Robert de Torrigny,
qui signale « la construction de la Cathédrale et des belles
demeures qui y attiennent », contient, comme nombre d'autres
du moyen âge, la solution cherchée.

Le pentamètre est, en effet, un chronogramme comme à
Avenas, comme à Brioude, comme à Vaison dont il sera parlé
tout à l'heure, comme sur la *Danse de Salomé* de Brunswick,
l'Agneau de Van Eyck, le *Retable de Saint-Bertin* et tant
d'autres œuvres où le chronogramme est certain.

Si en effet nous dégageons les lettres-chiffres,

ARN**VL**F**I** ANT**IQVVM** L**EXOV**I**ENS**I**S** OP**VS**,

en les additionnant nous avons MLLXVVVVVIIII = 1139.

Cette date, antérieure d'une année à l'élection d'Arnoul,
peut s'expliquer très facilement. Il est fort compréhensible
qu'Arnoul, archidiacre de Séez, frère de l'évêque de Séez, neveu
de Jean, évêque de Lisieux, fut à cette date auprès de son
oncle déjà très vieux et si malade, que l'année suivante il
laissait le siège vacant, et que, puisqu'il était *operarius*, c'est-à-
dire architecte, il lui ait à ce moment proposé un plan de
reconstruction de la cathédrale, si endommagée par le siège de
1136 — quoiqu'on dise n'en rien savoir — qu'il écrivait,
comme nous l'avons vu, à Clément II en 1143, qu'il réédifiait
sa cathédrale. Peut être même déjà, à la mort de son oncle, en
avait-il commencé la réédification ? Et alors, à l'exemple de
tant d'autres chanoines qualifiés « sapiens architectus », aurait-il

été élu, à la mort de Jean, évêque de Lisieux, précisément pour continuer l'œuvre que l'inscription lui attribue si clairement : ARNVLFI OPVS. avec la date de 1139.

Quant aux belles stalles que M. l'abbé Hardy pense être du XIV° siècle, après Sauvageot qui les avait étudiées dans les *Annales Archéologiques* en 1863 (t. XXIII, p. 133), elles sont la fidèle copie du dessin de l'*Album de Villard de Honnecourt*, de 1250.

Ce qui, une fois de plus, montre que les modèles se transmettaient dans les ateliers et que nous pouvons ainsi parfois nous trouver exposés à des erreurs chronologiques, que les comptes et les noms d'artistes, à dates certaines, permettent seuls d'éviter. Elles pouvaient donc parfaitement exister en 1258 quand Eudes Rigaud vint à Lisieux.

75) LONGJUMEAU (1250). — Piot, dans *le Cabinet de l'Amateur* (N. S. Q. p. 32, 1861), a relevé dans l'église cette épitaphe :

```
HIC JACET HUGO PECDOE PL▆▆ A▆▆
PICTOR REG QVI EDIFICAVIT
ISTAM ECCLAM · OBIIT V KL
IANRII AN DNI MCCLI
```

Le peintre de saint Louis était donc en même temps architecte.

76) MAGUELONE (Hérault) (1178). — Ici, ce n'est pas un chronogramme, mais un cryptogramme, qui va nous donner le nom de l'architecte de la cathédrale de Maguelone, jadis ville épiscopale, dont l'évêché célèbre a été dans la suite transféré à Montpellier. L'église, dont nous avons la représentation sur le sceau de l'évêque Bérenger (1263), reconstruite aux frais de l'évêque Jean de Montlaur (1159+1190), nous donne cette inscription :

```
AD PORTV VITE ≡ SITIENTES QVIQ[VE] VENITE ≡
HAS INTRANDO FORES ≡ COMPONITE MORES ≡
HINC INTRANS ORA ≡ TVA SEMP[ER] CRIMINA PLORA
QVICQVID PECCATVR ≡ LACRIMARVM FONTE LAVATVR≡
B D III VIIS FECIT HOC AN[NO]≡IN[CARNATIONIS] D[OMINI]
                    MCLXXVIII
```

L'architecte s'appelait B. de III [Tre] VIIS [viis] : Bernard de Tréviers.

77) Mantes (1366). — Le maitre d'œuvre de Notre-Dame de Mantes en 1366 est Jean de Rouen, puis, c'est Robert de Maule et, en 1369, Jean Aux Tabours.

78) Maubuisson (1241), — Blanche de Castille choisit pour construire l'église de l'abbaye, qu'elle venait de fonder en 1241, l'architecte Richard de Latour.

79) Moissac (1100).

```
ANNO AB INCARNATIONE
ÆTERNI PRINCIPIS MILLESIMO
CENTESIMO FACTVM EST
CLAVSTRVM ISTVD TEMPORE
DOMINI ANSQVITILLII ABBATIS
AMEN·
          V.V.V.
          M·D,M·
          R R R
          F F F
```

Telle est l'inscription du cloître de l'abbaye de Moissac.

Je me serais bien gardé de proposer le nom de l'abbé Ans- quitil comme celui de l'architecte, si *l'Histoire dè l'art* ne le regardait pas comme le maître d'œuvre de son abbaye, d'après le passage d'une chronique postérieure : « *Fecit claustrum magnum subtili artificio operatum* ». Je m'incline devant la parole du maître, constatant qu'on accepte ici parfaitement, cependant dans ce cas assez douteux, le mot « *fecit* » comme indiquant l'auteur du monument.

80) Molesmes (Côte-d'Or) (xııe s.). — L'Abbaye a été cons- truite par Evrardus, Martinus, Johannes et Widricus, *cimen- tarii* : c'étaient donc des laïcs.

81) Montpellier (xıve s.). — Entre les années 1332 et 1360, les sculpteurs Jehan et Henri Alaman travaillent à la Cathé- drale. Au xve siècle, nous allons retrouver à Murano un

peintre flamand, Johannes Alamanus, qui pourrait bien être de
la même famille.

En l'année 1393, Jean Bosquet, architecte, construit la flèche
du clocher de *Notre-Dame des Tables* et c'est Durant Fabre, le
charpentier, qui en exécute la charpente.

82) MOUTIERS (Savoie) (1461). — En 1875, Quicherat commu-
niquait aux Antiquaires de France (*Bullet.*, p. 183), une inscription qu'il avait relevée sur la façade de l'église de Moutiers. Il
y lisait la date de 1361 et la première ligne : *Hoc opus do III vit
magister franciscus Cirgat latomus...* ... Bien que dans la suite
il soit dit que l'église a été construite sur la succession du cardinal d'Ars, décédé en 1455, il pensait pouvoir restituer *do[na]-
vit*; Ciergat, *latomus*, aurait donc été un simple donateur. Or la
voici, estampée par Mgr X. B. de Montault.

IHS

A° DNI M° CCCC° LXI°

HOC OPVS COMPOSVIT MGR FRANCISCVS CIR

GAT LATOMVS PRO QVO CAPITVLVM

HVI ECCLE SINGLIS ANIS FAC TENET°

UNV ANIVSARIV PPIS SVPTIBVS EI

VSD CAPLI T CRASTINO FESTI CATED

RE STI PETRI CV QVATVOR SACERDOTI

BVS MISSAS CELEBRATIB I. REMEDIV

ANARVM DTI FRACISCI ET IAQMETE

EIVS VXORIS ET ILLOR PRO QUIBZ

EXORARE TENENTVR QD OPVS FACTV

EST SVPTIBVZ EXEQVCIONIS D CARDINALIS DE ARCIS

François Cirgat fut donc réellement l'architecte de la cathédrale de Moutiers, et non pas le donateur.

83) NOYON (1333). — Les deux maîtres d'œuvre de la cathédrale de Noyon, en 1333, sont Jean de Brie et Pierre de Montreuil, appellé à tort Pierre de Montereau, dans *L'Histoire de
l'Art.*

84) Paris. — *Quinze-Vingts*. — Eudes de Montreuil, qui avait accompagné saint Louis en Terre-Sainte en 1248 et construit les fortifications de Jaffa en 1250, donna à son retour le plan de l'église des Quinze-Vingts, qu'il commença en 1254; en 1287, il y sculpte de sa main, pour sa sépulture, son buste entre ses deux femmes, tenant une équerre et un compas avec lesquels il trace le plan de l'église. Ce bas-relief fut détruit par l'incendie de 1580, mais Thévet nous en a conservé un dessin.

Il dirigea également l'œuvre de l'église des *Chartreux*; mais cette dernière ne fut terminée qu'en 1324, longtemps après sa mort qui survint en 1289.

85) Le *Collège de Navarre* eut pour architecte en 1309 Pierre Du Val, *lathomus*, bien probablement de la famille des Val Renfroy, à laquelle appartenait Gautier qui, en 1213, était maître de l'œuvre de Meaux et Jean qui, en 1342, était maître de l'œuvre de la cathédrale de Sens.

86) L'église du *Saint-Sépulcre* eut pour architecte, en 1326, maître Guérin de Lorignes.

Le 8 juillet 1394, Louis, duc d'Orléans, accorde une gratification de 200 livres d'or à maître Raymond du Temple, sergent d'armes, maître des œuvres du Roi, pour ses travaux à l'église des *Célestins*. C'était lui qui, en 1365, avait reconstruit le Louvre.

87) Poissy (1319). — Nous avons vu à Saint-Ouen de Rouen la pierre tombale d'un architecte, enterré vers 1319, Jean Camelin, qualifié l'année précédente de maître de l'œuvre de Saint Louis de Poissy.

88) Poitiers (xiie s). — Le Chanoine Aubert a trouvé à la clé de voûte de la Cathédrale le nom d'Adam ainsi écrit :

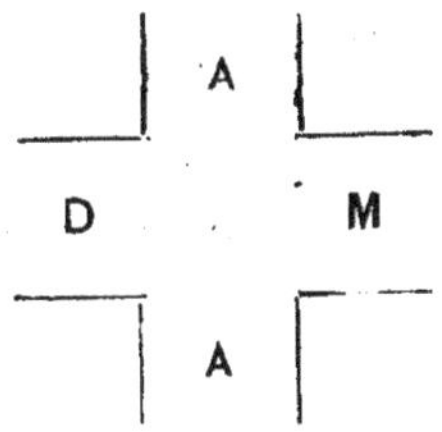

Sur une autre croisée ce cryptogramme :

```
      O  |  A  | V°
     ____|    _|

      M    VII   LX
     ____       ____
         |  CS |
```

il y voit A°MLXVII, ce qui ne correspond nullement à la date de l'église. Je pencherais à croire que le C renversé du bas doit être compté : on aurait ainsi MCLXVII. Le nom de l'architecte Adam, rencontré vers 1125 à Angers, pourrait en être rapproché et la date de 1167 pourrait être celle à laquelle la Cathédrale aurait alors été terminée.

89) RABASTENS (Tarn) (1318). — Dans l'église de Notre-Dame, sur l'arc formant la séparation des deux travées de Saint-Honoré et de Saint-Joseph, on lit :

B. DALERN PAVZEC AQVESTA CLAV ANO
DOMINI MCCCXVIII. LI ARCHIAVESQVE DE SANT
JAIME SENHEC AQVESTA CLAV LE JOR DE SANT
PEYRE.

Il s'agit de Béranger de Landore, archevêque de Saint-Jacques de Compostelle, qui bénit ainsi la clé de voûte placée par B. Dalern.

90) SAINT-AUGUSTIN-LES-LIMOGES (1260). — La pierre tombale de Pierre Dantena, l'architecte, nous fait connaître ainsi son nom :

VIR RELIGIONIS AMATOR FECIT OPVS CLARVM, MAGNO
SVMPTV TABVLARVM. PETRVS DANTENA.

91) SAINT-GERMER (Oise) (1260). — L'inscription d'une pierre tombale nous donne :

GVILLEMVS DE WESSENCOVRT PER DVO
DECIM ANNOS CAPELLAM BEATE MARIE IN▨▨▨
MIRIFICE EDIFICAVIT.

Pierre de Wuessencourt, mort abbé de Saint-Germer en 1272.

92) SAINT-HILAIRE DU FOUSSAY (Vendée) (XIIᵉ s.). — Au dessous de la *Crucifixion* du portail principal de l'église est écrit :

▨▨▨RODVS AVDEBERTVS DE SANCTO JOHANNE
ANGERIACO ME FECIT.

C'est donc [Gi]raud Audebert de Saint-Jean d'Angely qui en fut l'architecte.

93) SAINT-JEAN-DE-MARNES (Deux-Sèvres) (XIIᵉ s.). — L'église fut bâtie en 1091 par le moine Radulphe.

94) SAINT-MAXIMINIEN (Var). — En 1305, l'architecte de l'église est Jean Baudici.

95) SAINT-PANTALÉON (Drôme) (XIIᵉ s.). — M. Labande y a relevé le nom de l'architecte ALDEBERTVS. Nous retrouverons ce même nom sculpté sur un chapiteau de *Saint-Romain du Puy* (Loire), ainsi disposé :

96) SAINT PIERRE-LE-MOUTIER (Nièvre) (XIIᵉ s.). — Sur le saillant d'un chapiteau, où sont sculptés trois petits personnages, est inscrit au-dessous de chacun d'eux un nom :

VIVENCIVS · GIRALDVS FILIVS · VRSVS

bien probablement celui des ouvriers qui travaillèrent à bâtir l'église. Et le dernier nom est au dessus d'un homme qui tient un ours. C'est un de ces rébus auxquels se complaisaient les artistes du moyen-âge.

97) SAINT-POMPAIN (Deux-Sèvres) (XIIᵉ s.). — Au portail on lit : GVILLELMVS FECIT HOC.

98) SAINT-PONS (Hérault) (XIIᵉ s.). — Au-dessus de la porte du nord de la Cathédrale, un soleil est sculpté : l'artiste a mis là sa signature

SOL· GILO ME FECIT.

99) SAINT-QUENTIN. — En 1391, le maître d'œuvre de la Cathédrale est Gille Largent, qui est en même temps maître d'œuvre d'Arras Mais rappelons que, pour les meilleurs historiens d'art, Villard de Honnecourt doit en avoir été le premier architecte.

100) SAINT-REVERIEN (Nièvre) (XIIᵉ). — Sur la base d'une colonne, dans l'église, on lit :

ROBERTVS ME FECIT·

101) SAINTE-GEMME (Charente-Inférieure) (XIᵉ s.). — Ce sont trois moines de La Chaise-Dieu, Artaud, Théodard et Robert, qui, en 1079, construisent l'église. Théodard en fut le *Magister*.

102) SAINTE-MARIE-AUX-ANGLAIS (Calvados) (XIIIᵉ s.). — La voussure de la porte du Nord de l'église du XIIIᵉ s. porte cette inscription dont la fin est illisible :

† PIERRES ☰ REVEL ☰ LE ▰▰▰

Le même nom de Pierres se retrouve sur le larmier du chapiteau d'une des colonnes de la porte occidentale.

103) SAINTES (XIᵉ). — L'architecte de Saint-Eutrope, en 1085, s'appelait Benoît, nous apprend la *Chronique* : *Senior quidam peritus, Benedictus nomine, artifex.*

104) SENLIS. — De cette délicieuse église, dont on ne connaît d'ailleurs pas l'auteur, nous pourrons cependant citer quelques maîtres d'œuvre qui y travaillèrent.

En 1185 c'est Philippe le Cimentier ; c'est bien le temps où Godefroy de Claire, né à Huy, probablement un de ces ouvriers « *lotharingi* » appelés à Saint-Denis, propage la technique et le symbolisme de Saint-Denis.

En 1388, Frodon est maître des œuvres de charpenterie ; en

1389, Jean Lescot est *lathomus* ; en 1397, Jean Lenoir, maître
des œuvres du Roi, qui travaille aussi à Pierrefonds, dirige les
travaux de l'église. Enfin, en 1471, Philippe Le Riche est maître
d'œuvre. Il est probablement de la famille d'Enguerrand Le
Riche, qui travaillait à la cathédrale de Beauvais en 1338.

105) TERSANNES (Haute-Vienne) (xii⁰ s.), — Dans l'arc en
plein cintre du portail principal est écrit :

PETRVS ME FECIT.

106) TIL-CHATEL (Côte-d'Or) (xii⁰ s.). — Dans le tympan de la
porte principale :

PETRVS DIVIONENSIS FECIT
LAPIDEM ISTVM.

107) TOULOUSE. — *Saint-Etienne* (xiii⁰ s.). — Le Musée de
Toulouse a recueilli de belles statues qui proviennent de Saint-
Étienne. Sous celles de saint Thomas et de saint André, qui se
distinguent des autres par une conception beaucoup plus artistique, témoignant ainsi de l'habileté supérieure d'un maître, on
trouvait gravé sous celle de saint Thomas :

VIR N̄ INCERTVS ME CELAVIT GILABERTVS

Tandis que sous les pieds de saint André on lisait simplement :

GILABERTVS ME FECIT.

Il est regrettable de constater que pendant les réparations du
Musée en 1890, les piédestaux sur lesquels étaient gravées les
inscriptions ont été brisées. En 1907 je n'ai pu en estamper que
le dernier vestige, probablement aujourd'hui disparu.

108) TOURNUS (xii⁰ s.). — Nous avons là deux signatures de
date fort ancienne, assez difficile d'ailleurs à déterminer.

C'est d'abord, dans la tribune de l'orgue, au dessus d'un petit
bas-relief, représentant un *lathomus* tenant dans sa main un
marteau :

GERLANVS ABATE ISTO MONETERIVM
E·I·L·E·

Et ce nom de Gerlanus, nous le retrouverons dans une église du Roussillonnais.

C'est ensuite dans la crypte, sur la base d'une colonne :

RENCO ME FECIT.

109) TROYES. — *Saint-Urbain* (1267). — Le maître de l'œuvre, en 1267, est Jean Langlois.

110) UGNA (Val d'Aran). — Le Chrisme de la porte romane de l'église est accompagné de l'inscription :

AL † CĒTVL ME FECIT

Laurière lisait : « Alfonsus Centulensis me fecit ». Serait-ce donc un moine de Saint-Riquier d'Amiens qui serait venu édifier cette église ?

111) VAISON (Vaucluse) (xiᵉ s.), — Dans le cloître qui joint l'église, on lit cette inscription :

**OBSECRO VOS FRATRES AQVILONIS VINCITE PARTES
SECTANTES CLAVSTRVM QVIA SIC VENIETIS AD
AVSTRVM.
TRIFIDA QVADRIFIDVM MEMORET SVCCEDERE NIDVM
IGNEA BISSENIS LAPIDVM SIT VT ADDITA VENIS.**

Elle est plutôt obscure. Aussi, M. G. de Maidy, dans le *Bulletin monumental* (1905, p. 461), trouve impossible que le labeur qu'elle a exigé n'ait pas un sens religieux.

Quant à M. Labande, qui a étudié cette église tout particulièrement, il la juge du commencement du xiiᵉ siècle et explique ainsi l'inscription :

« Frères Chanoines, les derniers venus et comme tels logés dans les chambres les plus mal exposées, arrangez-vous pour ne pas mourir de froid. Vous viendrez (à votre tour d'ancienneté) en demeurant dans le cloître, aux logements envisageant le midi. Qu'il vous souvienne d'attirer la triple vertu (foi, espérance, charité) dans votre nid quadrangulaire, afin que son feu (divin) s'y ajoute au feu (naturel) des douze veines qui chauffent la pierre (c'est-à-dire les douze cheminées des logements des chanoines) ».

Je n'essayerai pas de faire mieux ; mais comme M G.
de Maidy je me suis dit qu'il y avait là une obscurité
vraiment *nécessaire*. Le mot BISSENIS m'a fait aussitôt revenir
en mémoire l'inscription de l'autel d'Avenas :

LAMPADE BISSENA JVLIVS FLVITVRVS IBAT.

« Juillet s'écoulait, voyant pour la douzième fois la lumière ».
En même temps que la date du mois, c'était un chronogramme
nous donnant alors par les lettres-chiffres :

MLLL VVVVV IIIII = I I 80.

Et je séparais alors les lettres-chiffres du dernier vers de
l'inscription de Vaison :

IGNEA BISSENIS LAPIDVM SIT VT ADDITA VENIS

Nous avons alors MLVVVVI = 1072. Nous ne sommes ainsi
pas loin du xiie siècle, dont parle M. Labande.
   Et là encore nous retrouvons le nom d'UGO, que nous avons
signalé à Saint-Honorat d'Arles. Comme nous avons cette
signature sur six monuments du midi, voilà qui va permettre
de les dater assez approximativement.

   112) Vauchelle (près Cambrai). — L'architecte de l'église
était de 1332 à 1335, un moine nommé Gérard. Il reconstruisit
donc celle dont nous voyons le plan dans l'*Album* de Villard de
Honnecourt, qui l'avait édifiée au xiiie s.

   113) Vienne (Isère). — En 1152, l'architecte de Saint-André
le-Bas de Vienne signe son nom sur un des pilastres : Guillaume
Martin.
   En 1395 l'architecte de Saint-Maurice s'appelle Ginet d'Arche.

   114) Vieux-Pont en Auge (Calvados) (xie s.). — Sur la tour du
clocher de l'église on lit :

VII ID· FEB· OBIIT
RANOLDVS,
ILLE FVIT NATVS
DE GESTA FRA
CORVM· ANI
MA EIVS REQVI
ESCAT IN PACE
A· MILLE FEC· ISTAM
ECCLESIAM·

***

115) Pendant que ces « bons ouvriers », comme les appelait le duc Jean de Berry, formaient ainsi le trésor artistique de la France dont notre « *Self depreciation, French characteristic* » nous cache parfois la meilleure floraison, l'étranger, devant lequel nous sommes au contraire si souvent hypnotisés, faisait appel, lui auquel tous les mérites, toutes les gloires sont attribuées, au talent de nos vieux maîtres français pour diriger l'œuvre de ses plus importants monuments. Il m'a donc semblé utile, avant de les quitter aujourd'hui, de réunir ici les noms de nos vieux architectes que j'ai rencontrés hors de France, là où leur personnalité, loin d'être anonyme, jouit encore, après des siècles, d'une légitime réputation.

Au cours des âges, au XIe siècle, nous trouvons Gundulphe de Caen à Rochester, Paul à Saint-Alban, Lanfranc de Caen à Cantorbéry en 1067, Ernulf à Colchester : ce sont des moines normands, appelés en Angleterre par Guillaume Ier et Guillaume II. En 1110, Roger de Vauchelles construit la cathédrale de Cantorbéry, incendiée en 1173 et que Guillaume de Sens achèvera après 1175; en 1177, Raimond est en Espagne à Hugo, Mathieu à Compostelle; en 1190, Hugues de Grenoble œuvre à Lincoln avec Geoffroy des Noyers de Blois, et Godefroy de Lucy à Winchester; avant 1247, ce sont des *Français* qui forment à Strasbourg les Rudolf père et fils; vers 1250, Villard de Honnecourt est en Hongrie, après avoir visité l'Allemagne,

Ravegy est à Calocza, où il est inhumé; en 1256, le Fr. Bernard
est à Tarragone; en 1259, les *Français* dirigent l'œuvre de
Wimpfen; en 1270, Pierre d'Augicourt élève les grandes basiliques des Deux-Siciles; en 1278, Bartholomé est à Tarragone;
en 1281, Nicolas de Soissons élève la cathédrale de Liége; en
1287, Étienne de Bonneuil est appelé en Suède avec une équipe
de compagnons pour élever la cathédrale d'Upsal; son influence
se retrouvera très évidente à Oja, dans l'ile de Gotland; en
1290, Petrus Petri, que certains croient devoir identifier avec
Pierre de Corbie, l'ami de Villard de Honnecourt, est à Burgos;
mais n'est-ce pas bien tard vraiment? Au xiiie s., à Léon, travaille un Français, qui signe la tombe de doña Sancha; malheureusement son nom est brisé et il ne reste de l'inscription que
▓▓▓ MESTRE MASON ME FIST ; Jourdain signe à Jérusalem
le Saint-Sépulcre. En 1312, nous voyons Arnaud de Montredon,
et, en 1320, Henri de Narbonne et Jacques de Favières, à Girone;
en 1322, Montflory à Lérida; en 1322, Amelius de Boulogne
est maître d'œuvre de la cathédrale d'Anvers. En 1330 Gérard de
Prile est à Cologne, en 1343 Mathias d'Arras à Prague, en 1370
Jean de Rheims au Mont-Cassin; en 1386 Pierre de Boulogne,
fils de Henry Arter, continue à Prague l'œuvre de Mathias
d'Arras; en 1389 Moret Pierre est à Palma; en 1389 Bonaventure Nicolas à Milan; en 1390 Pérut Jacques à Pampelune, et
Hardouin est l'architecte de San Petronio de Bologne; en 1394
Jehan de Valencienne remplace Pierre Moret à Palma; en 1399
Jean Mignot de Paris est à Milan avec le Normand Campamo-
sus; en 1440 Guillaume de Rouen s'en va travailler en Espagne
et nous trouvons enfin, avant la fin du xve siècle, en 1487,
Duplessis à Rome.

116) Cette énumération si sèche n'est pas cependant sans
offrir immédiatement un résultat. On voit se dessiner de
grands courants, les artistes se diriger pendant une assez
longue période vers les mêmes pays, puis les abandonner.

Pendant le xie siècle, l'Angleterre fait appel aux moines
normands qui doivent alors, à leurs talents d'architectes, d'être

élus évêques d'Angleterre, avant même leur départ de France ; au xii° siècle, Guillaume de Sens paraît être le premier laïc appelé à continuer l'œuvre de ces moines architectes. Hugues de Grenoble, Geoffroy des Noyers, Godefroid de Lucy cloront en 1190 la liste des architectes français qui passent la mer. Les grandes cathédrales sont construites ; d'ailleurs, Roger Poor de Salisbury a su créer une école anglaise qui peut, dorénavant rivaliser avec l'école normande.

En 1177 et en 1187, nous voyons deux architectes français passer les monts et se rendre en Espagne, à Hugo et à Compostelle ; bientôt peut-être en pourrons-nous nommer d'autres.

Dans la première partie du xiii° siècle, les Français se dirigent vers le centre de l'Europe. Nous les voyons à Strasbourg, à Wimpfen ; Villard de Honnecourt s'en va en Hongrie où travaille Ravegy qui est enterré à Calocza. Dans la seconde moitié, ils semblent essaimer dans toutes les directions : en Espagne, à Tarragone, à Burgos, à Léon ; en Suède, à Upsal, à Oja ; à Liège, dans les Deux Siciles, en Orient. Au xiv° siècle, nous en retrouverons un certain nombre encore en Espagne, à Girone, à Lérida, à Palma, à Pampelune ; en Allemagne, à Cologne, à Prague ; mais ils descendront aussi en Italie et ce sont des architectes français qui dirigeront l'œuvre de Milan, de Bologne et du Mont-Cassin.

*
* *

117) Les pages qui précèdent paraissent aussi immédiatement devoir fournir quelques autres renseignements nouveaux et intéressants.

Pour l'anonymat *obligatoire, imposé* aux artistes du moyen âge, nous constatons que si la légende a pu prendre si fortement racine, c'est que le temps, les hommes surtout semblent avoir tout fait pour supprimer les documents que nous avaient légués nos ancêtres.

Si cependant nous avions seulement lu, annoté, classé ce qui a échappé à ces inconscients destructeurs, la moisson serait

encore assez belle pour faire envie aux nations les plus favo-
risées, auxquelles va toute notre admiration.

Malheureusement, à notre époque de spécialisation, le petit
détail, comme l'arbre qui cache la forêt, ne permet ni les
recherches dans les « à côté », source pourtant des plus
curieuses découvertes, ni les vues d'ensemble.

Dès lors la Tradition s'impose ; il faut accepter les « *verba
magistri* », sans se douter ni du procès de psittacisme que
dès le XIIᵉ siècle Roger Bacon faisait à l'École française, ni de
la suffisance, ni du « bon goût » des archéologues du commencement du XIXᵉ siècle qui, systématiquement, firent disparaître
bien des choses qui gênaient leurs théories nouvelles.

Quant à l'humilité des architectes, appelés *operarii*, *lathomi*,
cimentarii, *magistri*, *massons*, ne les avons-nous pas vus com-
parer leurs œuvres au Labyrinthe de Dédale, qu'ils repro-
duisaient *à l'intérieur* de leurs monuments pour montrer de
combien ils dépassaient les architectes de l'Antiquité, celui
même qui éleva les Pyramides ; et quand Natalis d'Autry-Issard
se regarde comme l'émule de Dieu, diffère-t-il des peintres qui
comme Johannes de Brunswick se comparait aux Dieux, ou
d'Ingobert qui se disait égal, supérieur aux peintres de l'Au-
sonie?

118) Quant au mépris dans lequel ces « bons ouvriers » étaient
tenus, nous les voyons dans leurs déplacements s'asseoir à la
table des évêques, toucher un mouton d'or par semaine, soit,
suivant le pouvoir relatif de l'argent, quinze cents francs par
mois de notre monnaie (Jubé de Troyes) ; enfin nous les savons
enterrés dans les églises, à côté des plus hauts seigneurs, ou
aux seuils des portails qu'ils venaient d'élever comme à Amiens,
à Chalons, à Paris, à Reims, à Metz, à Strasbourg, à Clermont-Ferrand. Dans le manuscrit charmant des *Miracles de
Notre-Dame* (Bibl. nat. ms. fr. 9199, fᵒ 99 vᵒ), nous avons, dans
une délicate miniature, la tombe d'un artiste, placée comme
celle de Pépin au seuil de l'entrée de Saint-Denis.

Pour les documents « de plein air », comme pour les tableaux,

nous nous trouvons en présence d'inscriptions énigmatiques :
monogrammes, à Angoulême (pl. III), à Chartres : chronogrammes, à Brioude, à Lisieux, à Vaison, à Autry-Issard :
cryptogrammes, à Névache et à Cervières ; ou composées de
lettres si bien figurées d'après les règles indiquées par Roger
Bacon — qui ne sont en réalité qu'une dérivation de la *Temourah*
hébraïque — que les archéologues, les prenant, dans certains
cas, pour des inscriptions réellement arabes, concluent à une
influence mozarabique, alors par exemple qu'on peut y lire cependant comme au Puy, très facilement : GAVZFREDVS ME
FECIT : PETRVS ED (pl. IV). Il y a donc là tout un côté de la
science archéologique, absolument insoupçonné, qu'il paraît
indispensable d'étudier et de discuter, avant de se prononcer
catégoriquement ; mais tout cela, c'est du détail. Nous voyons-là,
enfin, comment notre génie français a rayonné à l'étranger, par
époques très marquées, suivant les pays vers lesquels se diri-
geaient les grands courants artistiques.

Si au contraire nous regardons uniquement la France, nous
constatons que les plus importants monuments du centre de
notre pays sont l'œuvre de quelques familles d'artistes, en quelque sorte petites dynasties, dont les noms se dégagent tout
seuls de nos listes et qui œuvrent ainsi pendant des siècles, de
père en fils.

119) Ne parlons pas des moines qui, jusqu'au développement
des corporations laïques, vivent nécessairement des traditions
du cloître, mais des artistes dont les noms de famille vont se
rencontrer alors à chaque pas dans nos recherches : Villard de
Honnecourt, les Corbie, les Chaumes, les Val Renfroy, les
Chelles, les Dampmartin, les Du Temple, les Le Riche, les Largent, les Beauneveu. C'est dans leurs ateliers, dans leurs
albums personnels, dont j'ai eu l'occasion de parler longuement (*Le Cousin Pons*, oct.-nov., 1916), que puisèrent pendant
près de trois siècles les artistes que nous voyons grandir
autour d'eux ; et par les *Comptes* il est bien curieux d'apprendre
que les épures étaient alors tracées par terre, à côté de l'ou-

vrage, sur des nappes de plâtre. C'est pour cela que les architectes sont toujours représentés sur leurs pierres tombales avec
un énorme compas à la main.

Dès lors, n'est-ce pas dans l'histoire des familles, bien plutôt
que dans la forme des voûtes, la taille des pierres et leur
appareil, les formerets, les piliers, les tailloirs, les moulures,
les porches, pleins d'embûches dans les hypothèses qu'ils
suggèrent, qu'on doit maintenant chercher à établir la filiation
des monuments? Les cathédrales de Paris, de Meaux, de Sens et
de Chartres même, Troyes et la Chartreuse de Dijon, le Mans
et Tours, Strasbourg, Thann, Nieder Haslach et Milan, Metz,
Verdun et Toul, pour n'en citer que quelques-unes, ne connu-
rent-elles pas les mêmes maîtres d'œuvre? L'Angleterre, l'Espagne, l'Italie, l'Allemagne auront également à nous expliquer,
comme la Suède et la Hongrie, leurs rapports avec la France
(pl. IV), quand nous aurons réuni de nouveaux noms d'artistes,
rencontrés à l'étranger.

Dépouillons donc les vieux comptes, les obituaires : c'est
rarement récréatif, mais toujours instructif. Mlle Bertin, la
modiste de Marie-Antoinette, ne disait-elle pas avec beaucoup
de bon sens, « qu'il n'y a de nouveau que ce qui a été oublié »?

Admirons enfin franchement, en constatant qu'ils ne furent
ni anonymes, ni méprisés, nos vieux maîtres d'œuvres
français, qui, depuis le xie siècle avec Lanfranc de Caen et
Guillaume de Sens, jusqu'à la fin du xive siècle avec Nicolas
Bonaventure chargé de l'œuvre du Dôme de Milan, et Hardouin
de celle de San Petronio de Bologne, ont ainsi vu de leur
vivant reconnaître successivement par l'Angleterre, par l'Espagne, par l'Allemagne, par l'Italie, l'incontestable supério-
rité que nous semblons craindre vraiment, dirait-on, de leur
attribuer.

*
* *

Un travail comme celui qu'on vient de parcourir n'est jamais terminé.

Pendant l'impression des pages qui précèdent, bien des noms nouveaux sont venus s'ajouter à ceux que j'avais réunis. Les uns ont rapport à des monuments religieux dont il n'avait pas encore été parlé ; les autres viennent s'intercaler dans des suites qu'ils commencent à compléter.

L'index qui suivra permettra de les rapprocher.

120) AGEN. — *Cathédrale de Saint-Étienne.* — Vers 1475. Me Mathieu Ragueneau en est le maître d'œuvre. En même temps il dirige les travaux de la cathédrale *de Lectoure.*

AIX-EN-PROVENCE. — *Cathédrale de Saint-Sauveur.* — En 1323 Deburle Pierre, appelé aussi Durle, en 1477 Alveringe et son élève Soqueti, en sont les maîtres d'œuvre.

AMIENS. — De 1415 à 1422, nous rencontrons dans l'œuvre de la Cathédrale, les noms des deux Brisset, Colard et Henri. Ce dernier avait travaillé pendant sept ans à *Notre-Dame de Paris,* où il fut remplacé en 1422 par Pierre Robin. En 1472, Pierre Tarisel est maître de l'œuvre ; en 1475, il sera, avec Le Moustardier, l'architecte de l'église de *Saint-Germain.* Lorsque je trouve, sur la robe d'un assistant au sermon de saint Jean-Baptiste du tour du chœur de la Cathédrale, le nom de Brunus ainsi écrit ᏏRNVS, je me demande si ce ne serait là pas un parent du Laurent de Brune, sculpteur de Bruges, qui, à la fin du xve siècle, était au service du duc de Bourgogne.

ARLES. — *Saint-Trophime.* — Au xiie siècle, Bonus.

121) AUCH. — *Cathédrale.* — A la fin du xve siècle, Jean Chesneau est maître de l'œuvre de *Notre-Dame.*

AVIGNON. — *Les Célestins.* — En 1406 Pierre Morel en est l'architecte. Très probablement c'est Perrin Morel, de la dynastie des Morel de Lyon, architectes-sculpteurs, qui, en 1405, habitait « du côté du Royaume ».

— *Notre-Dame-des-Tables.* — En 1427 nous trouvons Bertrand Vital.

BEAUVAIS. — *Cathédrale de Saint-Pierre.* — D'après Lance, le premier architecte en serait Naquet, mais il ne donne aucune date. En 1338, nous rencontrons Albert d'Aubigny et Guillaume de Roye, qui pourrait être rapproché de Pierre Roye qui travaillait à *La Chaise-Dieu* au milieu du xiv° siècle. Viennent ensuite Jean et Jacques de Chartres ; le second devint le sculpteur de Charles V, pour lequel il travaillait avec Jean de Saint-Romain. C'est probablement à cette famille des « de Chartres » qu'appartint plus tard, au commencement du xvi° siècle, Philippe de Chartres, dont on admire le rétable de pierre de la *Vie de la Vierge*, à l'église de Brou (1511). (Cf. § 53 et 130, Maignelay). — Pour *Saint-Lucien*, nous avons, en 1078, les deux noms d'Odon et de Wirmbolde, *cimentarii.*

122) **BORDEAUX.** — *Cathédrale de Saint-André.* — En 1366, nous pouvons nommer Guillaume Albert, en 1411 Vital de Martres, en 1420 Guillaume Géraud, en 1480 Jean Despinay. — Pour *Saint-Seurin* : en 1425 Colin Tranchant, en 1480 Jean Despinay. — Pour *Saint-Michel* : en 1448 N. Botarel, en 1464 Jean Lebas, en 1492 Guillaume Gauteyron. — Enfin à *Sainte-Eulalie*, une inscription de la voûte nous apprend qu'elle fut achevée le 18 octobre 1380, par Rompinlir.

BOULAINCOURT (Haute-Marne) (1428). — Guérin Malpayé.

BOURBOURG (Nord) (1485). — Les auteurs du beau jubé du xv° siècle de l'église de *Saint-Jean-Baptiste*, sont Mathieu Kelderman et Jean de Bourgogne.

BOURGES. — *Notre-Dame.* — En 1410 l'architecte se nomme Robert de Touraine, en 1477 Guillaume Pelvoysin. (Cf. Pl. V.)

BROU (1474). — André Colomban.

CAEN. — *Saint-Étienne* (1344). — Simon de Trévières.

123) **CAMBRAI.** — *Notre-Dame.* — C'est une des cathédrales

pour lesquelles nous possédons maintenant le plus de documents. Après l'évêque Gérard, *sapiens architectus* du xie siècle, dont nous avons parlé, une épitaphe de l'abbaye d'Anchin nous fait connaître le nom du chanoine Hugues, *qui construxit claustrum cum porticu ecclesiæ Cameracensis*; il mourut en 1093. Pierre de Corbie, l'ami de Villard de Honnecourt, y travailla en 1226 et, en 1340, frère Gérard de Vauchelles ; nous avons vu plus haut les maîtres de l'œuvre de 1339 à 1348. Nous rencontrerons ensuite Me Eloi Sabelin, qui paraît devoir être identifié avec Savalle ; en 1368, c'est Hue de Corbie et Jean Blondel ; en 1376, Jean Lecoustre ; en 1383, Hüward, que d'aucuns regardent comme Huart de Corbie ; en 1389, Robert-le-Maçon ; en 1390, Jean Lejosne ; en 1394, Jean de Bouchain, mais n'est-ce pas le Jean de Boutry que nous avons déjà signalé ? A la fin du xive siècle, Martin de Louvain vient faire une expertise ; en 1440, un descendant des Corbie, Mathieu, travaille avec Michel de Reims, maître maçon de *Valenciennes*, l'auteur présumé de *Sainte-Waudru de Mons*, qui présente aux échevins de Mons, pour leur église, deux plans, aujourd'hui aux archives de Mons, qu'on a tout lieu de croire les plans de la cathédrale d'Amiens de Robert de Luzarches. En 1444, Jacquemart Molet est maître de l'œuvre, en 1448 Jean du Croquet et Jean Wast, de la dynastie des Wast que nous retrouverons à Beauvais avec Cambige ; en 1456, c'est Jacquemart Cauquepaille qui grave, en 1463, son nom sur la boule de la flèche ; viennent ensuite, en 1465, Le Wieur, en 1469 Colard Goulot, en 1475 Robert Coche, en 1493 Jean Mariage, enfin, en 1491, Gilles Titre.

124) CARPENTRAS. — *Saint-Siffrein* (1404). — Une inscription dans la cathédrale nous fait connaître le nom de l'architecte, Thomas de Dinant :

MAGISTER COLINVS THOMACII DE DINANT IN BRETANNA.

CAUDEBEC (1484). — Le Tellier

Chambéry — *Sainte-Chapelle*. — En 1408, Jacques Magnin construit la collégiale, qu'Amédée IX de Savoie devait ériger en *Sainte-Chapelle* en 1465 : en 1470, nous trouvons à l'œuvre Jean de Prindalla, *magister imaginorum*, et Vienetus Neyredi.

Chancelade (Dordogne) (xii⁰ s.). — Alains de Solminiac.

125) Chartres. — *Notre-Dame*. — Au texte du *Nécrologe* qui permet de regarder Fulbert comme l'architecte de sa cathédrale, il faut joindre le passage des *Miracles de Notre-Dame*, qui en parlant de la reconstruction de la basilique, dit :

> Lors estoit l'évêsque Fulbert
> Qui du reffeire estoit expert.

Le poète du xiii⁰ s. n'hésite donc pas à considérer l'évêque comme un architecte expert.

Aux très nombreux maîtres d'œuvre que nous avons cités plus haut, ajoutons, de 1323 à 1335, Hugues d'Ivry, et, en 1382, son fils, Jean d'Ivry : de 1400 à 1416, Laurent Vuatier, et, en 1417, Geoffroy Sevestre, qui construit la chapelle latérale de Vendôme. (Cf. Pl. III.)

Chateau-Landon (xv⁰ s.). — Simon Samidy.

Combret (Aveyron) (1393). — Mᵉʳ de Esquirolis.

126) Dijon. — *Chartreuse*. — En 1378 Jacques de Nuilly l'Évêque, en 1383 Drouet de Dammartin, de 1398 à 1412 Jean Bourgeiri, y travaillent. En 1464 Jean de Montereau est occupé à la sépulture de Jean sans Peur. Enfin les comptes, publiés par Saint-Mesmin en 1847, nous fournissent une très longue liste d'ouvriers d'art de tout genre, employés là par les ducs de Bourgogne pendant les xiv⁰ et xv⁰ siècles.

Évreux. — De la *Cathédrale* on ne connaît réellement que Jean Le Roy, maître maçon-juré, signalé en 1442, qui construit la flèche en 1455. Cependant maître Jean de Meullent, en 1261, « fondait » la première chapelle de droite. Est-ce simplement un fondateur ou un architecte, ne faudrait-il pas rapprocher ce nom de celui de Waultier de Meulan, architecte en 1214 de l'église du Bec Hellouin ?

Fontenay-le-Comte. — *Notre-Dame.* — En 1456, les deux architectes en sont Guillaume Mercier et Silvestre Enaut.

Gray (1478). — Antoine Le Hupt.

Guîtres (près Libourne) (xiiie s.). — Arnaldus.

Hesdin (xve s.). — Le clocher est l'œuvre de Raoul Paisière, architecte de l'église de Saint-Omer.

127) **La Chaise-Dieu** (1345). — M. Faucon a eu la bonne fortune de découvrir, aux archives du Vatican, les documents qui nous font connaître la part prise par Clément VI dans la construction de l'insigne église de cette célèbre abbaye. La direction des travaux fut confiée à Hugues Morel, dont nous allons retrouver la dynastie dans tant d'œuvres du Midi de la France. Parmi les nombreux artistes qui collaborent avec lui, nous trouvons un Pierre Roye, qu'on pourrait peut-être rapprocher de l'architecte Guillaume de Roye, qui, en 1338, était maître-d'œuvre de la cathédrale de Beauvais.

Langres. — Sur un chapiteau du xiie s., dont le moulage a été envoyé aux Antiquaires de France en 1879, par M. Brocard, on lit : GVILEMOZ ME FIT DOCE. Le C du mot DOCE peut être regardé comme la ligature CT, donnant ainsi DOCTE. En 1422, Thomas sculpte le beau Sépulcre de la Cathédrale.

Lavedan (Hautes-Pyrénées). — *Saint-Savin.* — On y lit l'inscription : RENOLD^ɔ ME FECIT.

128) **La Victoire.** — En 1476, le maître-maçon de l'église de l'Abbaye est Nicolle.

Le Bec-Hellouin. — Lorsqu'Ingelram du Bec-Hellouin devient, en 1214, maître d'œuvre de la cathédrale de Rouen, c'est Waultier de Meulan qui est chargé par l'abbé Richard de Saint-Léger de diriger la construction de la belle église de l'Abbaye. Est-ce un parent de Jean de Meullent dont nous avons signalé le nom, en 1261, à la cathédrale d'Évreux ?

Lectoure. — *Cathédrale de Saint-Gervais et de Saint-Protais·*

— En 1475, Mathieu Ragueneau en est le maître d'œuvre en même temps qu'il construit la cathédrale d'*Agen*.

LE MANS. — Aux noms donnés plus haut pour la cathédrale de *Saint-Julien*, il faut ajouter, au xiv⁰ siècle, Jean-le-Maçon.

L'ÉPINE. — C'est Étienne Poutrise qui construit en 1453 la charmante église de *Notre-Dame*.

129) LE VIVIER-EN-BRIE. — En 1397 Jean Lenoir, maître des œuvres du Roi au baillage de Senlis, dirigeait les travaux du château de Pierrefonds. En 1398, le duc Louis d'Orléans le chargeait de construire l'église de *Notre-Dame du Vivier*. Les très intéressants comptes de la dépense complète, y compris les belles verrières, ont été publiés par Léon de Laborde dans ses *Ducs de Bourgogne* (III, 160).

LIMOGES. — *Saint-Sauveur*. — Au xi⁰ siècle, l'architecte de la cathédrale s'appelle Pierre. En 1338 nous connaissons les maîtres d'œuvre Pierre Boniface et Jean Placen. En 1357, c'est Étienne-le-Maçon auquel succédera Jean Damnaud.

LISIEUX. — *Saint-Pierre*. — Ajoutons quelques noms de maîtres d'œuvre du xv⁰ siècle : les Béroult, qui, en 1450, travaillent avec Jean Robin, peut-être un parent de Guillaume Robin qui œuvre à cette époque à la cathédrale d'Angers, et de Pierre Robin, de Paris ; enfin, en 1486, Guillaume Delarbre.

LOCHES (xii⁰ s.). — Thomas Passius.

130) LYON. — *Saint-Jean*. — A l'origine on trouve cité, en 1147, Robert-le-Maçon, mais sans certitude qu'il ait été maître de l'œuvre. Nous rencontrons ensuite, en 1270, Gauthier, en 1292 Jean Richard, en 1326 Jean de Longmont, en 1359 Jean de Remacin, en 1362 Guillaume Marsat et Jean de Saint-Albin, en 1368 Jean Bertel et Jacques de Beaujeu, en 1418 Jacques Morel, en 1425 Pierre Noyset, en 1430 Jean Robert, enfin de 1447 à 1459 Antoine Montain.

MAIGNELAY (Oise). — L'architecte de cette délicate église de la fin du xvᵉ s., un des bijoux de l'art français, qui n'a jamais souffert aucune mutilation, est un des deux Wast qui ont construit au commencement du xviᵉ siècle, avec Martin Cambige [Chambige], le transept de la cathédrale de Beauvais.

MENDE. — De la Cathédrale, nous connaissons comme maître d'œuvre, en 1372, Pierre Juglar, qui, en 1384, construit la *Sainte-Chapelle de Riom*, avec Guy de Dammartin. En 1452, on y trouve Jean Durant, dit d'Auvergne, avec Pons Gaspar.

131) METZ. — *Cathédrale*. — Nous avons signalé le monument funéraire de Pierre Perrat, maître de l'œuvre de la Cathédrale, mort en 1400. Il lui avait été élevé par Thierry de Sierck, son élève, qui lui succéda au xvᵉ siècle. Après lui, en 1443, viennent Jean de Commercy et le sculpteur Roger Jacquemin, qui travaille jusqu'en 1460 à Toul ; en 1468 il sera remplacé à Metz, ainsi que nous l'avons vu, par Jean de Ranqueval.

MONTIERNEUF (xiᵉ s.). — Pons.

MONTPELLIER. — A *Notre-Dame-des-Tables*, nous trouvons, en 1380 Jaume Bosc, en 1385 Jean Gili, en 1470 Nicolas Marie, en 1471 Guilhelminot, en 1472 Jean de Cormont, appelé aussi Jean de Paris, enfin, en 1478 Jean Copiac, les Borgonhon, Mondon et Pierre.

MOULINS. — *Notre-Dame*. — Les travaux de la Cathédrale, édifiée par les descendants de Louis II, duc de Bourbon, furent commencés en 1460, sous la direction du chanoine-architecte, Guillaume Foissier.

MORLAIX. — *Eglise des Dominicains* (1237) — Kutchou.

132) NANTES. — *Cathédrale*. — La première pierre de la façade de *Saint-Pierre* fut posée, en avril 1434, par Jean V, duc de Bretagne : le maître d'œuvre en était Mathurin Rodier. C'est elle que nous voyons bâtir dans une miniature des *Antiquités judaïques* de Jean Fouquet.

— A *Saint-Nicolas*, Mathelin travaille de 1431 à 1442.

NARBONNE. — Le plan de la *Cathédrale des SS. Juste et Pas-*

teur fut donné en 1272 par Jean Deschamps, qui avait élevé, ainsi que nous l'avons vu, la cathédrale de *Clermont-Ferrand*. En 1320, le Chapitre de Gérone (Espagne) fait venir les maîtres Henri de Narbonne et Jacques de Favières, qui y travaillaient; en 1316, nous y trouverons le nom de l'architecte Raymond Aycard.

Nieder Haslach. — Dans l'église de *Saint-Florent* se trouve la pierre tombale du maître de l'œuvre, Conrad, fils de maître Erwin de Steinbach, l'architecte de la cathédrale de Strasbourg, mort en 1329 (cf. Strasbourg, § 38 et Pl. II).

Nîmes. — Si des origines de la Cathédrale, qui remonte au XII⁰ siècle, nous ne savons rien, on ne saurait négliger, à propos de la frise si curieuse qui décore sa façade, de signaler la suite des petits bas-reliefs, de la même époque et de même style, représentant *la Passion*, qu'on voit dans la cour du musée lapidaire de la Ville, où je l'ai photographiée. Elle porte une longue inscription qui se termine par : RILPVETVS ME FES. Ce nom, largement inscrit au bas d'une œuvre qui rappelle les sculptures de la Cathédrale, vient donc nous révéler un artiste qui travaillait à cette époque dans un des principaux centres du Languedoc-Nimois et qui pourrait être ainsi un des artistes qui œuvrèrent à la Cathédrale.

133) Notre-Dame-des-Dunes (O. C.). — Au début du XIII⁰ siècle, l'architecte est Amélius; puis vient, en 1214, Steene, auquel succède Salomon de Gand.

Noyon. — *Cathédrale*. — Aux noms déjà cités, il faut joindre : en 1333, Tassard, et au XV⁰ s., en 1459, Pierre Brissaud et Jean Massé; en 1460, Pierre Tarisel, puis Adam Courtois, Florent Bleuet, enfin Jean Turpin, probablement un ancêtre de Jean Trupin, qui signe, au commencement du XVI⁰ siècle, les stalles d'Amiens.

Paris. — Le dépouillement de nombreuses études anciennes amène peu à peu au jour le nom des maîtres d'œuvre des principales églises de Paris.

L'Église de Beauvais est construite en 1388 par Raymond du Temple. C'est Charles V qui en pose la première pierre. — L'église des *Blancs-Manteaux* est construite par Eudes de Montreuil. — Celle des *Célestins* par Raymond du Temple, en 1376; il en est payé, en 1394. —Celle des *Cordeliers*, en 1262, par Eudes de Montreuil. — *L'Hôtel-Dieu* est également l'œuvre d'Eudes de Montreuil.

134) Aux maîtres d'œuvre de *Notre-Dame* nous devons ajouter deux noms du commencement du xiii⁰ siècle (v. 1210), que nous lisons dans le *Nécrologe* de N.-D. Bien qu'il ne soit pas fait là mention de leurs travaux spéciaux, cette inscription semble bien les rattacher à l'œuvre de la *Cathédrale* d'Eudes de Sully. C'est d'abord Godefroi, *lathomus*, qui demeurait rue Erembourg de Brie; il était mort dans les premières années du siècle, tandis que Nicolas, *lathomus*, demeurait à ce moment « *in Vico Sancti Hylarii* ». Ce sont les deux seuls *lathomi* qu'on rencontre dans l'*Obituaire* de cette époque : il est donc bien probable que c'étaient les premiers maçons de la nouvelle basilique. En 1360, Raymond du Temple succède à Jean Le Bouteiller, l'auteur des sculptures du tour du chœur ; en 1388 c'est Colin Gille (faut-il le rapprocher de Gilles-le-Maçon qui travailla à Reims, en 1383, à Notre-Dame?) ; en 1404 Jean du Temple ; en 1415 Henri Briset, qu'on doit rapprocher de Colard Briset qui travaille à Amiens en 1420; en 1422 Pierre Robin, dont nous avons cité plusieurs homonymes; c'est lui qui donnera le plan de Saint-Maclou de Rouen en 1432; Jean James lui succédera en 1436.

135) — Aux « bons ouvriers » de *Saint-Jacques*, il faut ajouter le nom de Guillaume Pizdoe, certainement un descendant d'Hugues Pecdoe, architecte de l'église de Longjumeau en 1251. En 1318, son nom figure dans l'*Obituaire*, comme « maître et gouverneur de la confrérie des tailleurs de pierre de Saint-Jacques ». — *Saint-Germain-l'Auxerrois*. En 1435 l'architecte est Jean Gausel. — *Saint-Jean-en-Grève*. En 1322

Pasquier de l'Isle. — *Sainte-Catherine*. D'après Thévet, le maître-d'œuvre en serait Eudes de Montreuil : mais, comme elle date de 1229, c'est plus probablement Pierre de Montreuil. — *Sainte-Croix*, en 1258 Eudes de Montreuil. — *Sainte-Geneviève*, au xiiᵉ siècle, avait pour maître-d'œuvre le chanoine Maignant.

Poitiers. — *Saint-Hilaire*, consacré en 1403, eut pour architecte Guillaume Corland.

136) Pont-a-Mousson. — *Saint-Antoine* (1460). — Mangin. — *Saint-Martin* (1447). — Jacquemin de Commercy, peut-être parent de Jean de Commercy que nous avons vu à cette époque à la cathédrale de Metz.

Pont-Audemer. — *Saint-Ouen* (1488). — Michel Gohier.

Pont-de-Cé. — *Saint-Aubin* (1003). — Umbert.

Pont-Saint-Esprit. — L'église du xvᵉ siècle est construite par les maîtres Garin Cabret et Clément Chevalier.

Poussy (Calvados). — On lit dans l'église : RICARDVS ISTVM LOCVM ÆDIFICAVIT·

Reims. — *Notre-Dame*. — Il faut ajouter, en 1383, Gilles-le-Maçon, et, en 1402, Jean de Dijon, qui nous ont été révélés par les comptes de l'église de Troyes. (Cf. Pl. II et IV.)

Riom. — *La Sainte-Chapelle* est construite en 1384 par Pierre Juglar, architecte de la cathédrale de Mende, avec la collaboration de Guy de Dammartin, le maître sculpteur de Charles V.

137) Rodez. — *Cathédrale*. — Nous avons parlé des architectes de la Cathédrale, à la date de 1277. En relisant l'inscription que nous a conservée le *Bulletin monumental*, on doit se demander si elle ne venait pas de la Cathédrale antérieure ; il semble bien, en effet, que cet extraordinaire libellé est un chronogramme :

VALEANT ORBIS MIRACVLA·

car il nous donne la date de 1212.

En tous cas, après Étienne de 1277, nous avons en 1358 Guillaume Bosquet; au xvᵉ siècle, en 1440, Conrad Roger, en 1449 Raymond Dolhas et en 1459 Gérard Dolhas, son fils; en 1450 Richard, en 1456 Thibaut Sonier, en 1462 Vincent Sermati, puis son fils Jean, en 1465 André Amalric, enfin en 1500 Bernard Anthony.

138) ROUEN. — A la liste des architectes de la *Cathédrale*, il faut ajouter, en 1457, Jean Audis le sculpteur, et en 1496 Jacques Leroux. — A *Saint-André*, nous voyons, en 1486, Guillaume Touchet. — A *Saint-Laurent*, au xivᵉ siècle, Denis Gode.. — A *Saint-Maclou*, dont M. Frothingham publiait naguère le petit modèle (*Monuments Piot*, t. XII), en 1406 Martin Roussel, et en 1432 Pierre Robin. — A *Saint-Ouen*, en 1440, Simon Lenoir succède, avec Jean Wyllemer, à Colin, élève d'Alexandre de Berneval, que nous avons signalé précédemment; en 1497, l'architecte est Jean Roussel. Et parmi les architectes de Rouen, qui travaillent à Gaillon en 1503, il me semble vraiment curieux de relever le nom de Jean Fouquet, peut-être un parent de notre grand maître tourangeau : ne trouvons-nous pas également des François, descendants du célèbre peintre tourangeau, architectes de 1511 à 1649 ?

139) SAINT-BERTIN. — L'église de l'Abbaye, autrefois un des plus somptueux monuments de l'Artois, est aujourd'hui en ruines. Les fondations en avaient été commencées en 1029 par « Vénérable homme Alquerus »; incendiée, l'abbé Bovon en reprit la construction en 1041; elle est achevée en 1065 par l'abbé Héribert; en 1246, l'abbé Gilbert, *magnus edificator*, orfèvre admirable comme saint Bernward d'Hildesheim, commence, jette les fondements, fait et termine le réfectoire « quo pulchrius non habetur in toto regno »; en 1396, Pierre Largent en est l'architecte, pendant que Gilles Largent travaille aux églises de *Cambrai* et de *Saint-Quentin*; en 1396, nous y voyons Jean Lecoustre, auquel succède, en 1407 Jacques Laman; en 1436 Noufles Caulin en est le maître-charpentier; enfin, en 1497, nous avons l'architecte Jean Rocquelin.

140) Saint-Denis. — La restauration de la célèbre basilique de Suger, endommagée par la foudre en 1210, fut commencée en 1231. On connaît aujourd'hui le maître d'œuvre qui en fut chargé ; ce fut Pierre de Montreuil ; les travaux étaient en pleine activité en 1247. Mais ne faudrait-il pas classer également, parmi les maîtres de l'*œuvre* du xiiie siècle, un maître Guérin, dont la pierre tombale, qui était en 1872 dans les Magasins de Saint-Denis, ornée d'un fil à plomb, d'une règle, d'une truelle et d'une herminette, portait cette inscription : AVE MARIA METRE GVERIN ET MARGVERITE SA FAME GISENT CI EN CEST▨▨▨PAR SA GRACE DEX BONNE MERCI LEUR FACE. Nous avons vu, en effet, les maîtres d'œuvre inhumés ainsi, avec leurs femmes, dans les monuments auxquels ils avaient collaboré.

De la basilique de Suger, il reste un médaillon de la mosaïque du pavage, sur lequel l'artiste s'est représenté, en inscrivant son nom : ALBERICVS ; il est au Musée de Cluny. On peut encore admirer dans l'église des vitraux du xiie siècle, dont j'ai montré naguère le très grand intérêt pour l'histoire de la première croisade (*Exuviæ Sacræ Constantinopolitanæ*, t. III, p. 3).

141) Saint-Genez (Diocèse de Bellay) (1231). — L'église a été construite par un moine nommé André.

Saint-Gilles. — En 1367 nous y trouvons Raymond Martelans.

Saint-Nicolas-du-Port. — C'est Simon Moyset qui en bâtit l'église en 1494.

Saint-Pons. — L'église, dont il a été question plus haut, date du xiie siècle. L'inscription, étrange au premier abord, *Sol Gilo me fecit*, bien que *Sol* soit au-dessous d'un soleil, me paraît être un jeu de mots : *Sol* pourrait bien être l'abréviation de *solus*, mis là pour donner un chronogramme :

SOL GILO ME FECIT

où nous pourrions lire alors la date 1202, correspondant bien à celle de la construction de l'église.

Saint-Omér. — *Saint-Omer.* — La fin du xvᵉ siècle nous fournit les noms de plusieurs architectes de la Cathédrale. C'est d'abord Jean Robin ; puis, en 1471, nous rencontrons Raoul Pesière (le Paisière de Hesdin), Jean Pinchon et Jean Sterbeques qui construit le clocher, en 1472 Jean de Meldre, en 1493 Melin de Fines, en 1494 Gérard Ledrut et Jean-le-Maçon.

142) Saint-Quentin. — Bien des noms sont à ajouter aux quelques lignes que nous avions consacrées à cette délicieuse collégiale. L'église qui jouissait, pendant la vacance épiscopale, des privilèges des Cathédrales, était une des plus belles de France. En 1257, c'est Jean qui en construit le chœur et Jean Bourgeois y travaille également ; en 1316, nous y trouvons Jean-Le-Bel ; en 1372 Pierre Chaudun ; après 1400, Jacques Bolant, Jean Douterrains, Colin de Mantes, Sébastien Tristan (ou Trestant), en 1440 Jean d'Outremepuich, en 1460 Jean d'Ervilliers, en 1477 Noël Colard (un peintre réputé du pays s'appelait Colard le voleur), enfin en 1487 Jean Nitard et Gérard Levasseur.

Comme je parle toujours de rébus, de chronogrammes, je ne voudrais pas quitter Saint-Quentin sans montrer l'inscription bien curieuse que Charles de Bovelle, chanoine, avait composée sur la date de la construction de l'Hôtel-de-Ville, et qui demeura sur la façade, jusqu'au moment où elle en fût arrachée en 1557, lors de la prise de la ville, par les Espagnols. Mieux que les plus belles dissertations, elle montre la mentalité des artistes et du clergé du Moyen Age ; elle autorise toutes les hypothèses, même les plus hasardeuses.

D'un Mouton et de Cinq Chevaux	M
Toutes les tetes prendrez	CCCCC
Et à icelles, sans nuls travaux,	
La queue d'un veaV joindrez ;	V
Et au bout adjouterez	
Tous les quatre pieds d'une chatte :	IIII
Rassemblez, et vous apprendrez	
L'an de ma façon et ma date.	MCCCCCVIIII (1509)

143) SAINT-WANDRILLE. — En 1255 Godefroid de Nointot élève l'église, et c'est Guillaume qui, de 1288 à 1304, en construit le clocher.

SARLAT. — Les travaux de la Cathédrale sont dirigés au xvᵉ siècle par Pierre Esclanche.

SÉES. — En 1433 nous y voyons maître Jean Audis, que nous retrouverons à *La Ferté-Bernard* et plus tard, en 1457, à *Rouen*.

SENLIS. — Nous avons signalé le premier maître de l'œuvre, Philippe, en 1185, puis plusieurs autres au xivᵉ siècle; au xvᵉ, en 1480, le maître d'œuvre est Gilles Hazard, de cette dynastie des architectes Hazard qui semble originaire de Tournay, où un Guillaume Hazart, Hazaert, était architecte en 1414. Notre Gilles fut chargé, en 1516, d'amener de Beauvais Martin Chambiche, avec d'autres ouvriers. — C'est à *Saint-Pierre* que nous trouverons les autres membres de la même famille : en 1463, Jean qui travaille avec Lorin Le Riche ; en 1431, Jean Cauche[1] dirigeait les travaux de cette église avec Robert Cave, Henri Lallemand, Richard et Jean de Cormelans.

Je mentionnerai enfin, bien que dépassant les limites que je me suis assignées, Jean Dizieult, *magister láthomorum*, qui exécute, en 1536, le double portail de *Notre-Dame*, parce qu'il est également connu sous le nom de Chelles. Était-ce un des decendants des Chelles que nous avons rencontrés au xiiiᵉ et au xivᵉ siècles, à l'œuvre de la Cathédrale de Paris ?

144) SENS. — *Cathédrale*. — Nous nous sommes arrêté à la fin du xivᵉ siècle. Pour le xvᵉ, nous avons, en 1439, Moreau Verani, en 1442 Guillaume Courmont, en 1457 Pierre Germain ou Gramain, Symonet Lemercier et Lusurier, en 1468 François Nobis, en 1495 Hugues Cuvelier.

SOUVIGNY. — L'architecte de l'église de Souvigny était en 1456 Jean Poncelet.

1. Est-il parent de Jacquemont Cauquepaille qui travaillait à Cambrai en 1456 ?

STEENBECQUE (près d'Hazebrouck). — En 1432 l'église est construite par Van Hue, qui y inscrit la date de MCCCCXXXII.

STRASBOURG. — *Cathédrale*. — Nous ne savions où Viollet-le Duc avait trouvé l'inscription d'Erwin de Steinbach, qu'il a reproduite (voir § 39). C'est certainement dans l'ancien dessin, exécuté avant que la Révolution ait détruit le vieux portail, grâce auquel put être restauré, au XIXe siècle, l'œuvre de Steinbach ; mais où est aujourd'hui cet ancien dessin ? (Cf. Pl. II.)

En 1343, l'architecte de *Saint-Thomas* est Erlin, en 1369 Erard Maler.

THANN. — Le portail de la charmante église, vestige d'une construction disparue, est nettement antérieur au reste de l'édifice. On l'a comparé, mais sans apporter aucune preuve, au portail de Strasbourg. Or, une pierre tombale nous apprend que son architecte fut Jean de Steinbach, fils d'Erwin de Steinbach, architecte de la cathédrale de Strasbourg en 1277, qui succéda à son père, comme maître-d'œuvre de la cathédrale de Strasbourg, de 1318 jusqu'à sa mort, en 1339. Il est donc bien facile de comprendre les rapports étroits qui unissent ces deux portails. (Cf. Pl. II.)

Quant à la partie postérieure, la flèche élégante nous donne cette inscription :

« L'an du Seigneur 1513, cette partie a été commencée et terminée, avec l'aide de Dieu, par moi Runig Walch en 1516. »

THÉROUANNE (1412). — Bachelier.

145) TOUL. — *Cathédrale*. — Nous avons vu que Perrat en avait été, au XIVe siècle, l'architecte ; il meurt en 1400. En 1406 nous trouvons Simon de Verdun, en 1446 Roger Jacquemin, qui travaillait au temps où Guillaume Fillastre en était évêque. Doit-il être identifié avec Hogier, architecte des tours, qui a le même prénom ? En 1447, on rencontre Jacquemin de Commercy qui construit le portail, un parent probablement de Jean de Commercy qui travaillait en 1443 à Metz ; en 1460 c'est Girard fils de Roger, enfin Tristan de Hattonchel, à

la fin du xvᵉ siècle, qui pourrait être rapproché de Sébastien Tristant, maître de l'œuvre de Saint-Quentin, en 1460.

Toulouse. — *Saint-Sernin.* — Une étude très précieuse de l'abbé Douais nous a fait connaître que l'église de Saint-Sernin avait été édifiée par saint Raimond, mort en 1118. Les textes qu'il a pu réunir nous apprennent qu'il s'appelait Raimond Gairard et qu'il était effectivement architecte. Constatation de haute importance, dont nous ne tarderons pas à comprendre tout l'intérêt lorsque nous ferons connaître l'œuvre si curieuse de deux sculpteurs, dont nous retrouverons prochainement la collaboration datée et signée par un rebus : Léon et Ariès, avec la date de 1159.

146) Tours. — *Cathédrale de Saint-Gratien.* — Aux noms cités plus haut, il faut joindre, pour le xvᵉ siècle, en 1430 Guillaume Leroux, en 1462 Jean Gaudin et Jean Papin. Ce dernier construisit également l'église de *Saint-Pierre-des-Corps*. Il meurt en 1480.

Troyes. — *Saint-Étienne.* — Peu à peu la liste des maîtres d'œuvre se complète. Le chœur avait été renversé en 1227 par un ouragan : il fut réédifié. Les premiers noms d'architectes mentionnés dans les comptes de 1293 à 1297 sont ceux d'Henri, Geffroy, Gautier et Richer. Lorsqu'après le nouveau désastre de 1365, une partie du nouvel édifice fut à reconstruire, nous rencontrons, en 1364 Thimard, en 1365 Thomas, en 1384 Jean de Torvoye, de Tornoie; peut-être faut-il lire de Tournay ? (Les Hazard venaient de Tournai). En 1419, ce sont les Faigot, Ogier le père, Thevenin et Jean ses fils, qui œuvrent; en 1467 Jean Terralion, en 1494 Janson Garnache. Peu à peu se complète donc ainsi la liste des maîtres d'œuvre de la cathédrale de Troyes.

Tréguier (xᵉ siècle). — Gonidier.

147) Vendôme. — *Église de la Trinité.* — Au xiiiᵉ siècle Jarnay.

VERDUN. — La Cathédrale dont Perrat, au xɪvᵉ siècle, était le maître d'œuvre, avait eu pour architecte, en 1140, Garin.

VIVIERS (Ardèche). — Dans le clocher, on lit ainsi le nom de l'architecte Pierre Lans   PETRVS LANS

****

148) Grâce à ces nouveaux renseignements, nous pouvons compléter les dernières lignes de notre premier chapitre.

Aux architectes français appelés pendant le moyen âge à l'étranger, nous ajouterons : Gautier, qui travaille à Palerme de 1170 à 1185 ; en 1225, d'après Lance, Pierre travaille à Tolède, et Gautier au Val de Dios ; en 1260, Chinard descend en Italie ; en 1335, Jean Poisson, bien probablement un parent de Pierre Poisson, l'architecte de Benoist XII, qui travaille au Palais des Papes à Avignon, est à Rome, où nous verrons en 1377 Colombier ; en 1386 Henri, fils de Mathieu d'Arras, en 1388 les Bonaventure, Nicolas et Philippe, travaillent au dôme de Milan, ou Pierre de Loïsart se trouvera en 1399 avec Jean Mignot et Campamosus, qui succèdent à l'allemand Henri de Gamodia ; au xvᵉ siècle, nous verrons, en 1416, à Girone, Jean Guingamp et Sagrera ; en 1487, Duboust à Vienne, en 1495, à Coimbre, Jean de Rouen, Jacques Longuin, Nicolas et Philippe Édouard, appelés par Jean II pour l'Église de Sainte-Croix.

149) Aux dynasties d'architectes (cf. §§ 5, 119) dont l'importance ne saurait être discutée, il faudra joindre maintenant aux Corbie, en 1379, un Jean de Corbie, peintre, bourgeois de Valenciennes, et également l'épitaphe d'un tombeau du xɪɪɪᵉ siècle de la cathédrale de Noyon ainsi conçue :

> *Chi gist Ermeline Oiselette*
> *Née de Corbie et fu femme*
> *Maitre Robert de Douay*
> *Orfèvre : Priez pour same*
> *et dites Paternoster.*

Puis les Bonaventure, les Brisset, les Cambiche, les Cormont (le peintre Cormon de nos jours appartiendrait-il à la même famille ?), les Commercy, les Delarche, les Dolhas, les Hazard, les d'Ivry, les Montreuil, les Morel, les Pecdoe, les Robin, les Roussel, les Roye, les Wast. Ainsi se découvriront très facilement les *transfusions* signalées par Viollet-le-Duc qui, jusqu'ici, ne s'expliquaient que par des hypothèses purement subjectives.

L'*Index*, que j'ai fait aussi complet que possible, permettra de retrouver immédiatement le passage des artistes dans les édifices religieux où ils se sont succédé. Il y aurait à les suivre dans les monuments civils qu'ils ont construits en même temps, mais ce serait aborder un nouvel ordre d'idées, tout à fait en dehors d'une étude qu'il m'a paru intéressant de conduire aussi loin que je le pouvais.

Je m'arrête donc, et je crois qu'on ne pourrait mieux terminer que par les lignes écrites par Didron en 1845 :

« Si on recueillait tout ce qu'on sait sur les artistes français du Moyen Age, on serait étonné de nos richesses. »

Pour les miniaturistes, pour les peintres, pour les architectes dont nous connaissons maintenant plus de *vingt-cinq mille noms*, nous voilà loin, en effet, de l'anonymat obligatoire imposé, affirmait-on, aux artistes du Moyen Age.

Et n'hésitons pas à l'imprimer : nous ignorons, quasi volontairement, tout d'eux.

F. DE MÉLY.

On m'a reproché, à la suite de mon premier article, de n'avoir pas indiqué mes sources. La *Revue* a bien voulu accueillir ce travail fort long ; il aurait pris des proportions inacceptables si j'avais ajouté les références. Mais je serai toujours heureux d'indiquer à mes confrères qui pourraient en avoir besoin, les volumes où j'ai rencontré les noms que j'imprime ici, en attendant, si Dieu me prête vie, le t. III de mes *Primitifs : Architectes et Sculpteurs*.

INDEX

ANGERS. — IMPRIMERIE F. GAULTIER.

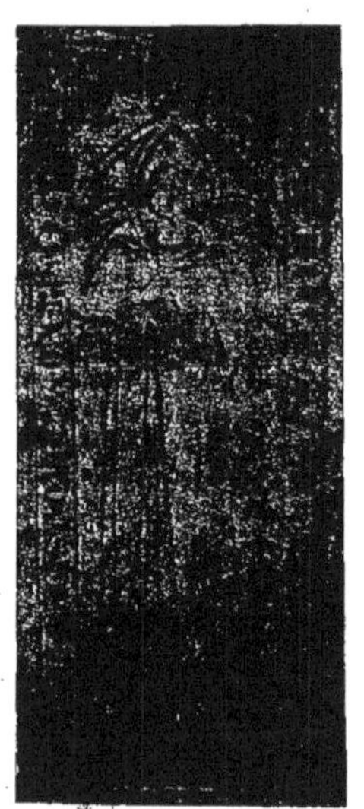

I. Pierre tombale de Conrad de Steinbach,
maître d'œuvre de la Cathédrale de
Strasbourg et de Saint-Florent de
Nieder-Haslach. (cf. § § 38 et 132).

II. Pierre tombale de Hugues Libergier,
architecte de Saint-Nicaise de Reims.
(cf. § § 12 et 31).

III. Epitaphe d'Erwin de Steinbach, maître
d'œuvre de N.-D. de Strasbourg,
d'Huza, sa femme, de son fils Jean,
architecte de l'église de Thann.
(cf. § § 38 119, 144).

Desmoulins Sc.

IV. Monogramme du maître d'œuvre Itius,
au portail de la cathédrale d'Angoulême. (cf. § 5).

V. Signature de Maistres Humbret,
à l'église de Saint-Martin de
Colmar. (cf. § 5).

VI. Signature de l'artifex Rogerus,
au portail royal de N.-D. de
Chartres. (cf. § 13).

VIII. Une des statues de N.-D. de Reims rapprochée d'une Vierge d'Oja (Suède). (cf. § § 32, 115, 116).

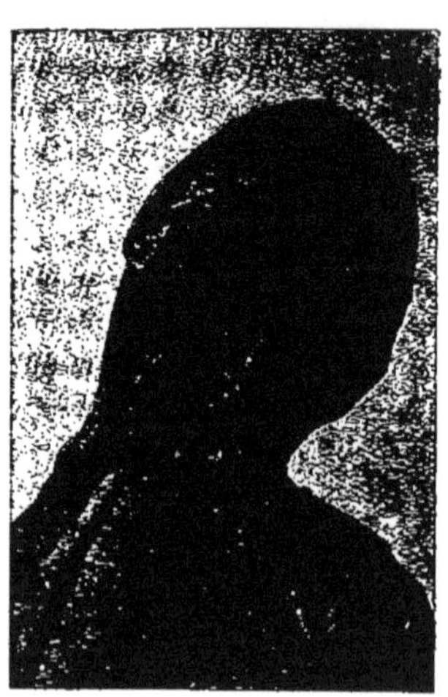

VII. Inscription des portes de la cathédrale du Puy, qu'on croit d'art mozarabe. On y lit : *Gauzfredus me fecit, Petrus edificavit.* (cf. § 21).

IX. Vierge d'Oja (Suède). (cf. § § 32, 115, 116)

Demoulin Sc.

X. Signatures des Maîtres Rogerus et Jehan, au Mont Saint Michel. (cf. § 24).

XII. La porte de Saint Ursin de Bourges, avec la signature Girauldus. (cf. § 10).

XI. La porte royale de la cathédrale de Saint Lazare d'Autun, signée Gislebertus. (cf. § 8).

XIII. Le chapiteau de l'église bénédictine de Bernay (Eure), signé Izembardus. (cf. § 34).